Daniel Schulte

Lebhaft glauben, glaubhaft leben

Biblische Inspirationen
zur persönlichen Nachfolge

EDITION WORTSCHATZ

Druck und Bindung des vorliegenden Buches erfolgten in Deutschland

Das verwendete Papier ist FSC-zertifiziert. Als unabhängige, gemeinnützige, nichtstaatliche Organisation hat sich der Forest Stewardship Council *(FSC) die Förderung des verantwortungsvollen und nachhaltigen Umgangs mit den Wäldern der Welt zum Ziel gesetzt*

MIX
Papier aus verantwortungsvollen Quellen
FSC® C083411

Die Deutsche Bibliothek verzeichnet diese Publikation in der Deutschen Nationalbibliografie; detaillierte bibliografische Daten sind im Internet über www.d-nb.de abrufbar

Umschlaggestaltung: spoon design, Olaf Johannson
Umschlagbilder: Pressmaster/Shutterstock.com
Satz und Herstellung: Edition Wortschatz

Edition Wortschatz im Neufeld Verlag Schwarzenfeld
ISBN 978-3-943362-21-3, Bestell-Nummer 588 841

www.edition-wortschatz.de

Daniel Schulte

Lebhaft glauben, glaubhaft leben

Inhalt

Vorwort

WIR KÖNNEN UNS UND DIESER Welt keinen größeren Gefallen tun, als Jesus Christus lebhaft und glaubhaft zu folgen! Dabei gilt es, mit Herz und Hirn in Gottes Wort daheim zu sein, während wir mit beiden Füßen im Leben stehen. Unterwegs im Glauben können wir uns nie genug von der Bibel inspirieren und im besten Sinne *begeistern* lassen, denn sie ist des Heiligen Geistes liebstes Handwerkszeug und somit unverzichtbar für unsere christliche Existenz und Spiritualität. Wie vom täglichen Brot nährt sich der Glaube aus diesem Buch. Allerdings ist Gottes Wort weder Fertiggericht noch Schnell-Imbiss, mitunter sogar schwer verdaulich; es fordert Zeit und sorgfältige Aufmerksamkeit. Aber das Abenteuer lohnt sich!

Als Christen sind wir jedoch nicht nur Bibel- sondern vor allem Jesusmenschen, weil die Wahrheit eine Person ist und den Namen trägt, dem wir unsere Identität verdanken: Jesus Christus! Er ist es, der wirklich und wahrhaftig begeistert – so sehr sich an ihm auch die Geister scheiden! Auf Jesus gilt es sich zu konzentrieren – nicht zuletzt als „Mitte der Schrift", auf den hin und von dem her die Bibel gelesen und verstanden werden will.

Seit vielen Jahren habe ich das Vorrecht, als „Mundwerker des Evangeliums" zu arbeiten, sowohl auf der Kanzel als auch in persönlicher Seelsorge. Dabei gebe ich weiter, was ich selbst durch unzählige gute Lehrer und Vorbilder empfangen habe. Wie der Säemann im biblischen Bildwort bin ich in meiner Verkündigung bemüht, die Saat möglichst so auszustreuen, dass sie „eingeht". Und dann darf ich mich gelassen zurücknehmen und zuschauen, wie Gottes Wort bewirkt, wofür es gegeben wurde: wie es Jesusglauben weckt und zur mutigen Nachfolge anstiftet.

Den Kapiteln dieses Buches liegt eine kleine Auswahl von Botschaften zugrunde, die im Kontext von Gottesdiensten oder Seminaren gehalten wurden und die ich hiermit einer erweiterten „Hörerschaft" anbiete. Sie wollen als Reden gelesen werden und verstehen sich dabei sozusagen als „Variationen eines Themas". Dennoch folgen sie in der Art der Zusammenstellung einer inhaltlichen und aufbauenden Ordnung. In einem ersten Teil geht es um Grundlagen unseres Jesusglaubens, mit Botschaften zu christlichen Jahresfesten. Letztere habe ich als geistlich-pädagogische Stationen wertschätzen gelernt, die uns dabei helfen können, sozusagen unseren Katechismus rund ums Jahr zu feiern (wie wir nicht zuletzt von den Juden lernen können). Im zweiten Teil geht es darum, von biblischen Personen und Vorbildern zu lernen, wie Gott mit uns persönliche Heils- und Glaubensgeschichte schreibt. Fazit: Wer wagt, gewinnt und wer glaubt, lebt auf! Der dritte Teil besteht aus biblischen Botschaften zu einzelnen Themen und Texten rund um unser geistliches Leben. Im Anhang veröffentliche ich erstmals einige persönliche Psalmgebete, die ich im Laufe der Jahre zu unterschiedlichen Anlässen und Lebensphasen verfasst habe. Sie verstehen sich als Antwort auf Gottes Reden und als Lieder zur Nachfolge. Gern dürfen sie als bescheidene Gebetshilfe dienen, wie es geistliche Lieder immer wieder tun, nicht zuletzt die biblischen Psalmen! Vielleicht inspirieren sie auch manche Leser zu ihren eigenen, persönlichen Texten, was mich freuen würde. Meine Erfahrung bestätigt, dass ein großes Geheimnis darin liegt, auf das schriftgewordene Reden Gottes (in seinem Wort) auch schriftliche Antwort zu geben – als vertiefender Ausdruck meiner persönlichen Antwort auf Jesus, das lebendige Wort Gottes!

Für die Möglichkeit, dieses Buch zu realisieren, bin ich sehr dankbar: Neben der nötigen Muße während einer Sommerauszeit war ich ausgesprochen froh über die gute Zusammenarbeit mit der Edition Wortschatz im Neufeld Verlag und ihre kompetente Beratung. Bei der Durchsicht und Korrektur des Manuskripts und auch im Blick auf Mittel zur Veröffentlichung standen liebe Freunde zu Seite – diese wollen ungenannt bleiben und bitten darum, den Dank an Gott weiterzuleiten. Das tue ich hiermit umso lieber – verbunden mit dem Wissen, dass ich mich überhaupt mit allem Ihm und seiner Güte verdanke!

Ich widme dieses Buch den wunderbaren Menschen in der „Fuggi“ (LKG/Christusbund) Waiblingen zum hundertjährigen Bestehen der Gemeinschaft! Wirklich erstaunlich: So altbewährt – und doch so jung geblieben! Beides muss mit eurem Motto zu tun haben, das ich mir für den Titel dieses Buches ausgeliehen habe. Ihr verdankt euch dem Jesus, an den ihr lebhaft glaubt und der sich so glaubhaft über all die Jahre als real und treu erwiesen hat! Die Weggemeinschaft mit euch ist uns als Familie und Partnergemeinde ein großes Vorrecht! Was ich euch und uns wünsche, das erhoffe ich auch für jeden Leser und sage es mit Worten aus einem der Psalmgebete im Anhang dieses Buches:

„Jesus will uns neu entzünden
uns zur ersten Liebe führ'n.
Jesus schenkt uns Geist und Leben,
nimmt die laue Trägheit fort,
will uns Kraft und Freude geben
und begeistern durch sein Wort!“

Meran, im Sommer 2015

TEIL 1

Evangelium begreifen

Inspiration rund ums Jahr

Gott kommt

Advent: Das Drama beginnt!

ADVENT UND WEIHNACHTEN STEHEN VOR der Tür und damit beginnt ein neues Kirchenjahr. Das hat seinen guten Sinn, denn wir werden daran erinnert, dass Gott mit dem Kommen Jesu in diese Welt einen notwendigen und neuen Anfang setzt! Damit beginnt das, was zu Ostern seinen Höhepunkt erfährt: Heil und Erlösung durch Jesus Christus, die Erfüllung und Mitte all dessen, was unseren Glauben ausmacht!

Die Sonntage im Advent bereiten uns auf die eigentliche Weihnachtsbotschaft vor. Dementsprechend werden wir hier in das erste Kapitel des Lukasevangeliums mitgenommen; eine Geschichte, in der es insgesamt um die Vorbereitung der Geburt Jesu geht, von der wir dann in Kapitel 2 lesen. Konkret geht es um die Berichte rund um einen Mann, den man gern und gut den „Vorbereiter" nennen darf, man könnte sagen „Mr. Advent!": Johannes den Täufer. Seine Mission, sein Lebensauftrag bestand darin, auf Jesus hinzuweisen und auf sein Kommen vorzubereiten! Lukas 1,5–25 unfasst und teilt sich in drei natürliche Einheiten auf. Zunächst geht es darum, die Bühne zu bereiten. Dann läuft das Hauptstück, das auf dieser Bühne gespielt wird, bevor es schließlich um die Reaktion darauf geht!

1,5–10: Die Bühne wird bereitet

Die Geschichte beginnt mit einer sehr konkreten, historischen Angabe: „Zur Zeit des Herodes, des Königs von Judäa …". Lukas macht in seinem Vorwort (V. 1–4) überhaupt klar, dass ihm für seinen Bericht über Jesus die konkreten Koordinaten innerhalb von Raum und Zeit sehr wichtig sind – denn die Sache mit Jesus hat Hand und Fuß, sie ist eine nachvollziehbare und reelle Wirklichkeit! Kein Wahn, kein Wunsch! Wenn wir dann mit Vers 5 weiterlesen, erfahren wir: Jesus kam zu einer bestimmen Zeit in einem bestimmten Land als Kind eines bestimmten Volkes zur Welt. Ebenso wie sein Vorgänger, sein Vorbereiter Johannes der Täufer, um dessen Geburt es hier zunächst gehen wird. Herodes wird erwähnt als politischer Vertreter des Volkes Israel – als König von Judäa. Es handelt sich übrigens um „Herodes den Großen", der von 37–4 v. Chr. regiert hat. Dann zoomt sich die Erzählung näher heran und benennt ein jüdisches Ehepaar als Vertreter des Volkes – speziell als religiöse Vertreter. Ein Ehepaar, das sehr wohlwollend und positiv beschrieben wird: Zacharias und seine Frau Elisabeth. Er ist Priester in einer der 24 „Ordnungen", die noch von König David eingeführt worden waren und auf die der Dienst im Tempel rund ums Jahr aufgeteilt war. Als Priester musste man keine Frau aus einer priesterlichen Familie heiraten, wenn das aber möglich war, wie hier offenbar bei Zacharias, dann galt dies als besonderer Segen! Nicht nur ihre Position und Aufgaben werden benannt – Zacharias und Elisabeth werden ausdrücklich auch als aufrichtig und treu beschrieben. Allerdings – und das muss für sie ein großer Schmerz gewesen sein – hatten sie keine Kinder!

Nach dieser Einleitung wird der Fokus auf den Tempel in Jerusalem gelenkt – denn hier spielt sich unsere Geschichte schließlich ab. Jerusalem als Mittelpunkt – nicht nur des politischen Lebens in Israel sondern auch als Zentrum des religiösen Lebens. Übrigens beginnt Lukas seinen Bericht über Jesus nicht nur mit dem Tempel sondern lässt ihn später dort auch münden. Und auch zwischendurch hat der Tempel im Leben und Dienst Jesu eine große Bedeutung: Jesus selbst nennt ihn in Kapitel 2 das, „was meines Vaters ist". Außerdem ist das Lukasevangelium speziell auch für den „Reisebericht" bekannt, bei dem Lukas die Reise Jesu nach Jerusalem betont. Ihm ist wichtig, dass der Höhepunkt im Heilshandeln Gottes nicht an irgendeinem Ort stattfindet, sondern dort, wo Gott schon lange zuvor begonnen hatte, sein Heil vorzubereiten! Der Tempel verstand sich als Nachfolgemodell der ursprünglichen Stiftshütte – von Gott eingerichtet als Ort der Begegnung zwischen Himmel und Erde, als Ort der persönlichen Gotteserfahrung, des Gottesdienstes, der Erlösung! Nun – der priesterliche Dienst im Tempel galt als ein hohes Privileg. Und wenn man als einer von vielen Priestern in jeder der 24 Ordnungen einmal im Leben drankam, dann schätzte man sich sehr glücklich! Damit niemand bevorzugt wurde, entschied das Los … und diesmal traf es nun Zacharias. Was wir hier beschrieben bekommen, ist also der höchste und heiligste Augenblick im Leben dieses Mannes. Und dabei sollte es nicht bleiben – denn es sollte für ihn nicht nur bei dem Vorrecht bleiben, eine Woche lang den Gottesdienst im Heiligtum zu leiten, sondern er sollte eine Gottesbegegnung erleben, die alles übertraf, was er je zu hoffen gewagt hatte!

Spannender hätte Lukas die Geschichte nicht einführen können – Vers 10 ergänzt die Spannung der Szene mit der Menge an Gläubigen, die vor dem Tempel standen und beteten, während Zacharias ins Heiligtum ging, um zur Stunde des Morgengebetes den Räucheraltar zu entzünden. So hatte Gott es übrigens schon für die Stiftshütte geboten: morgens und abends sollte das Rauchopfer dargebracht werden. Der Rauchopferaltar war die letzte Station auf dem Weg zum Allerheiligsten, das hinter einem Vorhang verborgen war. Dort, im Allerheiligsten, dort wo die Bundeslade und der Gnadenthron waren, dort wusste man die Gegenwart Gottes. Niemand durfte dort hinein – aber stellvertretend für unsere Gebete bzw. diese symbolisierend durfte der Duft und Rauch des Rauchopfers durch den Vorhang hindurch zu Gott vordringen. Also ein Gebetsdienst, den Zacharias hier versieht!

Damit steht die Bühne und nun gilt es abzuwarten, was geschieht.

5,11–17: Das Hauptstück – Szene 1

Stell dir vor, du betest – und Gott begegnet dir tatsächlich! Zacharias versieht seinen Dienst treu, aber ob er wirklich erwartete, dass Gott aktiv hört und gegenwärtig ist? Das muss fast bezweifelt werden, auch aus dem weiteren Verlauf der Geschichte. Möglicherweise verstand er sein priesterliches Handeln zu sehr als Vertreter des Volkes, als dass er für sich eine persönliche Gottesbegegnung erwartete, die mit seinem privaten Leben etwas zu tun haben würde. Jedenfalls erscheint ihm plötzlich und unerwartet der „Engel des Herrn", später konkreter benannt als der Engel Gabriel! Ein wahrhaft heiliger Moment! Zuletzt war Gabriel dem Propheten Daniel erschienen – mit großer Botschaft! Sein nächster Auftrag würde ihn zu Maria führen, um die Geburt von niemand anderem anzukündigen als Jesus selbst! Gabriel also – offenbar der oberste von Gottes Engeln. Der höchste Vertreter des Himmels, den Gott hier senden konnte außer sich selbst. Was Johannes als irdischer Vorbereiter für das Kommen Jesu sein sollte, das war Gabriel als himmlischer Vorbereiter! Himmel und Erde kommen zusammen, um das Kommen dessen vorzubereiten, der Versöhnung zwischen Himmel und Erde bringen soll! Ein wahrlich heiliger Moment. Kein Wunder, dass Zacharias fast zu Tode erschrickt!

Aber dann beginnt Gabriel mit Zacharias zu reden und lässt ihn erleben, dass die Gegenwart Gottes und seiner Engel nichts Bedrohliches hat. Zacharias hört, wie Gott ihm durch seinen Engel eine persönliche Botschaft von ungeahnter Tragweite zukommen lässt. Aber erst mal sehr tröstlich: Zacharias, du brauchst keine Angst haben. Dann sehr persönlich: Ich kenne dich und deine Frau Elisabeth mit Namen. Und ich weiß um eure Situation, um eure Kinderlosigkeit! Keine Sorge – eure Not mache ich mir zu Nutze! Und dann lässt Gott diesen Mann wissen, dass sein Gebet erhört worden ist. Man ist sich nicht sicher, was genau der Engel damit meint. Ob er ggf. die jahrelangen Bitten um Kinder meint? Darauf könnte dann die folgende Ankündigung der Schwangerschaft schließen lassen. Die Zeitform des Aorist deutet aber eher auf ein punktuelles Beten hin, was schließen lässt, dass Gabriel das Gebet meint, das Zacharias unmittelbar zuvor gebetet hat – in Stellvertretung des Volkes. Letzteres erscheint mir wahrscheinlicher, denn wenn ich mich in diese jüdischen Gläubigen hineinversetze, dann sehe ich vor meinem geistigen Auge, wie sie Gott an seine Verheißungen erinnern, wie sie ihre Hoffnung auf den Messias in Gebeten ausdrücken: Gott, wann endlich wirst du uns deinen verheißenen Erlöser schicken? Wann endlich wirst du uns besuchen, wie du es verheißen hast? „Dein Gebet ist erhört" – so Gabriels Antwort. Und er setzt fort: „Deine Frau Elisabeth wird schwanger werden und einen Sohn gebären!" Nicht nur als Zeichen, dass Gott keine leeren Worte macht. Auch als persönliches Zeichen an euch, dass Gott wirklich hört und handelt: Nein, dieser Sohn ist nicht nur mein persönliches Geschenk an euch, sondern er hat einen Auftrag – er soll das Kommen Gottes vorbereiten. Natürlich wird er eine Gebetserhörung sein, aber er soll die viel größere Erhörung vorbereiten – das lang ersehnte Kommen des Messias! Dann folgt eine Beschreibung des Johannes: er soll keinen Alkohol trinken, damit der entsprechende Kontrast zum Heiligen Geist umso größer wird; von Anfang an soll deutlich sein, dass dieser Mann vom Heiligen Geist erfüllt und geführt ist. Aus ihm spricht Gott heraus! Ihn wird eine Kraft und Vollmacht ausmachen, wie man sie zuletzt bei dem Propheten Elia sah. Man wird ihn als eine wuchtige, mutige Stimme hören, die zur Buße aufruft und auf Gott verweist. „Zuzurichten dem Herrn ein Volk, das gut vorbereitet ist" (V. 17).

Das ist doch mal eine persönliche Botschaft! Das sind doch mal Aussichten und Verheißungen, die dieser alte Mann da über seinen eigenen Sohn hört; über einen Sohn, den er noch nicht einmal hat!

Und jetzt kommt seine Antwort … und damit die zweite Szene dieses Stücks:

1,18–20: Hauptstück – Szene 2

Wenn man sich hier vorstellt, Zuschauer eines Bühnenstücks zu sein, will man gar nicht glauben, was man da hört! Da erlebt Zacharias nicht nur den Höhepunkt seiner Priesterlaufbahn, indem er den Tempeldienst versehen darf – nein, er begegnet Gottes höchstem Vertreter persönlich und hört ein mächtiges Gotteswort mit einer schier unfassbaren Zusage. Und alles, was Zacharias dazu einfällt ist, das Gehörte in Frage zu stellen, nach dem Motto: Wie bitte soll das denn funktionieren? Beweise mir bitte, dass das stimmt! Hallo – eine kleine Biologiestunde gefällig? Wir sind kinderlos und viel zu alt …! Als Zuschauer will man kaum glauben, was man hier hört. Was aber, wenn wir uns nicht als Zuschauer sehen, sondern als Mitwirkende im Stück? Was wäre, wenn wir uns selbst in Zacharias erkennen sollen? Die Frage, die sich für uns mit diesem Abschnitt verbindet, ist so alt wie die Menschheit selbst. Es ist die Kernfrage überhaupt: Was lasse ich mehr gelten – das, was Gott uns sagt, oder was ich denke? Was nehmen wir ernster, was wiegt für uns mehr – unsere Unmöglichkeiten oder Gottes Möglichkeiten? Unsere Zweifel oder seine Verheißungen? Es ist eine Frage des Glaubens oder des Unglaubens! Und es war nie anders: Gott kann tun und sagen, was er will, er kann sich so groß und mächtig, so schön und herrlich, so liebevoll und gütig erweisen wie er will – alles, was wir ihm als Antwort geben und immer wieder bieten, ist unser Zweifel, unsere Skepsis, unser Unglaube! Und Gott kann und wird das nicht einfach tolerieren und stehen lassen. Dementsprechend endet dieses Stück im Tempel mit einem Paukenschlag: Der Erzengel Gabriel lässt Zacharias stumm werden – bis zur Erfüllung der Verheißung, bis zur Geburt seines Sohnes! Was zunächst als Strafe erscheint, entpuppt sich allerdings in meinem Verständnis als eine wunderbare Geste göttlicher Güte, vielleicht sogar verbunden mit einem leisen Schmunzeln Gottes: Ach mein lieber Zacharias, wie gut, dass ich dich kenne und weiß, dass du viel zu sehr in einer menschlichen Haut steckst, als dass du mir jetzt wirklich glauben kannst. Aber bevor du dir selbst noch viel mehr im Wege stehst und deinem Zweifel noch mehr Worte widmest, lass ich dich einfach mal schweigen. Ich lasse deinen Zweifel verstummen, ich lasse deinen Unglauben verstummen – denn mich kann sowieso niemand mehr aufhalten! Was ich gesagt habe, habe ich gesagt und was ich tun werde, werde ich tun. Und du sollst einfach mal in aller Ruhe abwarten dürfen; du sollst dich von meinem Handeln schlichtweg überwinden und überzeugen lassen! Also, Zacharias – Silentium bitte, absolute Ruhe: denn jetzt handelt Gott! Und was er zusagt, das wird er ganz gewiss erfüllen. Viel Freude beim Zuschauen und Staunen!

Tja, und damit endet dieses Stück im Tempel.

1,21–25: Das Finale – Auswirkungen und Erkenntnisse

Zacharias tritt aus dem Tempel heraus und für alle dort wartenden Beter wird deutlich, dass Gott gehandelt hat: Zacharias kommt verspätet und ist verstummt! Das letzte Wort in dieser Geschichte soll nur noch Gott haben!

Den Rest der Woche versieht Zacharias seinen Dienst nun schweigend. Wie das wohl ist, wenn man beten muss, aber nicht reden kann? Ist vielleicht mal eine ganz heilsame Erfahrung, wenn es einem die Sprache verschlägt! Vielleicht sind das unsere tiefsten und ehrlichsten Gebete, wenn uns schlicht die Worte fehlen und das stille Gebet unserer Herzen alles ist, was bleibt!

Nach Abschluss seiner Dienstzeit geht Zacharias nach Hause und wir wissen nicht, wie er es seiner Frau Elisabeth beigebracht hat. Was auch immer sie von den Erlebnissen ihres Mannes im Tempel erfuhr und verstand – eines bemerkte sie sehr wohl: Er suchte ihre körperliche Nähe und pflegte Intimität mit ihr – zumindest so lange, bis sie schwanger wurde. Spätestens da wurde für sie das Handeln Gottes zur persönlichen, zu einer überwältigenden und kostbaren Erfahrung! Elisabeth kommt zu einem bewegenden Bekenntnis: „So hat der Herr an mir getan!" Er hat mich angesehen und mir Ansehen gegeben! Gott hat mich nicht vergessen. Wenn auch mein Mann gerade schweigt, das Handeln Gottes spricht umso lauter!

Unmittelbar danach wird erzählt, wie der Erzengel Gabriel auch zu Maria kommt, um die Geburt Jesu anzukündigen, zum Abschluss dieser Begegnung erzählt ihr der Engel auch von Elisabeth, die inzwischen im sechsten Schwangerschaftsmonat ist: „Sie, von der man sagt, dass sie unfruchtbar sei, ist auch schwanger … denn bei Gott ist kein Ding unmöglich" (V. 37)!

Wir könnten als Fazit dieser Geschichte für uns ergänzen: Da, wo wir Menschen an unsere eigenen Grenzen kommen, da fängt Gott neu an! Die Unfruchtbarkeit der Elisabeth war der Doppelpunkt für Gottes Handeln! Da, wo unser Glaube an seine Grenzen kommt, da handelt Gott erst recht! Zacharias konnte es nicht glauben – und doch lässt Gott sich nicht stoppen! Gott kommt und begegnet uns persönlich. Gott handelt an uns, für uns! Gott hört unsere Gebete und nimmt uns ernst. Er sieht, woran wir leiden und nimmt auch die stillen Gebete unseres Schmerzes sehr wohl wahr. Und wenn er uns mal auflaufen lässt und zulässt, dass es uns die Sprache schier verschlägt, so hat er doch das letzte Wort! Gott eben! Und das letzte und höchste und schönste Wort, das er uns je zugesprochen hat, war Jesus Christus selbst. Auf ihn sollte Johannes der Täufer ebenso vorbereiten wie der Erzengel Gabriel. Und um diesen Jesus geht es zu Weihnachten, auf das uns die Adventszeit vorbereitet! Maranatha – Jesus komm auch heute zu uns, zu mir!

Kniefall!

Christtag: Die Geburtsstunde wahrer Anbetung

IN DER BIBLISCHEN WEIHNACHTSGESCHICHTE LIEGT viel Musik in der Luft. Zacharias, der Vater von Johannes dem Täufer, singt seinen Lobpreis, ebenso wie Maria ihr berühmtes Magnifikat. Beide in Vorfreude auf die Geburt des Erlösers. Kaum wird dieser geboren, melden sich die himmlischen Sänger zu Wort und eine Engelskantate ertönt: „Ehre sei Gott in der Höhe …!“ Im weiteren Verlauf der Geschichte erzählt Lukas uns dann von den Hirten: Sie gehen hin, um den neugeborenen Jesus zu sehen. Sie sehen, staunen und dann heißt es: „Sie kehrten heim, priesen und lobten Gott für alles, was sie gehört und gesehen hatten.“ Ehre, Lob und Gesang – als ob Weihnachten die Geburtsstunde wahrer Anbetung sei! Und es ist eben dieser spezielle Ausdruck der *Anbetung*, der dem Evangelisten Matthäus in diesem Zusammenhang bedeutsam erscheint, er verwendet ihn in seinem Weihnachtsbericht gleich dreimal. Demnach kommen die Weisen aus dem Morgenland nach Jerusalem und geben den Grund ihrer Reise an: „Wir wollen den neugeborenen König *anbeten*!“ Das macht König Herodes große Angst und er beschließt, diesen neuen König zu töten – wer immer das auch sei. Aber er gibt sich in falscher Ehrerbietung und lügt: „Lasst mich wissen, wenn ihr ihn gefunden habt – denn ich will auch hingehen und ihn *anbeten*.“ Schließlich sehen wir, wie die Weisen tatsächlich vom Stern geleitet zur Krippe kommen, den neugeborenen

Jesus finden und in ihm den gesuchten König erkennen. Und dann lesen wir: *„Sie fielen nieder, beteten an* und taten ihre Schätze auf!"

Zwei Evangelisten, ein Thema: Weihnachten lädt uns ein zu Lobpreis und Anbetung! Wir singen also zurecht: „O lasset uns anbeten!" Ich nehme dies zum Anlass, dem Thema der Anbetung ein wenig nachzugehen, auch wenn es uns über Weihnachten hinaus führt.

Offenbar gehört es zu unserem Grundbedürfnissen als Menschen, anzubeten. Wir wollen verehren, wir wollen etwas anerkennen, das größer, erhabener, schöner und mächtiger ist als wir!

Ganz leise begegnet uns die Anbetung schon im Staunen – und sei es einfach über die schier unfassbare Schönheit und Größe der Natur! Oder über wirklich erstaunliche und fantastische Leistungen im Sport, in Kultur oder Wissenschaft. Ich würde sagen: Das Staunen ist bereits ein Vorbote der Anbetung!

Die Verehrung gehört offenbar auch mit dazu – vielleicht schon fast als nächste Ebene. Sei es die Kindergartentante, die vom kleinen Max verehrt wird, weil sie so nett ist und gut riecht. Oder der gut aussehende Schauspieler, den die jungen Mädels verehren. Musiker und Stars – wir machen uns als nüchterne, mittelalterliche Zeitgenossen kein Bild davon, was die bei jungen Menschen auslösen können. Als ob sie (bzw. die Medien) unsere angeborene Neigung zur Anbetung gekonnt in Schwingung bringen.

Anbetung hat natürlich auch größere, hehrere Dimensionen und trägt dabei zutiefst religiöse Züge; sie lässt uns etwas oder jemanden hochhalten und erheben. Damit bedeutet Anbetung auch, sich selbst zu verbeugen und zu erniedrigen als Ausdruck der Ehrerbietung. Wo aber begegnet uns so eine Ausdruck – und damit bleibe ich zunächst bewusst außerhalb der Kirchen und des klassisch religiösen Settings? Wir finden das Phänomen der Anbetung z. B. in totalitären Staatsgebilden. Diktatoren und absolutistische Herrscher haben immer wieder gern für sich Anbetung in Anspruch genommen und tun es noch. Ob wir dabei an Stalin und das kommunistische Russland denken oder an das heutige Nordkorea; oder an Hitler und den Faschismus. Wenn wir weiter zurückgehen, kommen wir auf die Kaiser in Rom, bis hin zu den Pharaonen im alten Ägypten. Diktatoren nehmen schon allein dadurch eine absolute Machtstellung in Anspruch, dass sie über das Leben ihrer Untertanen völlig verfügen. Mitunter lassen sie sich in regelrecht religiöser Manier als Götter feiern und verehren. Oder werden von der Propaganda zu gottähnlichen Gestalten erhoben – mit ihren Büsten und Bildern überall im Lande, vor denen sich das Volk verneigt(e).

Wir könnten jetzt sagen, wie gut, dass wir in keinem absolutistischen Staat leben. Es lebe unsere Freiheit. Aber wie sicher sind wir uns da? Wie frei sind wir wirklich? Mein Gott ist, wovon ich mich beherrschen und bestimmen lasse! Mein Gott ist, wem ich diene und wofür ich mich investiere und verausgabe. Wenn wir von dieser Definition ausgehen – wie frei sind wir von der Diktatur des Geldes und des Kapitalismus? Wenn ich unsere modernen Shoppingcenters betrete, kann ich nicht anders, als mich oft wie in einer Kathedrale oder einem Tempel zu fühlen: mondän, herrschaftlich, hell und hoch. Und die treuen Gläubigen kommen in Scharen daher, bringen ihre Geldopfer dar und beugen sich vor dem Schrei nach neuester Mode, vor dem Diktat der guten Laune und der schnellen Befriedigung. Sie merken oftmals gar nicht oder viel zu spät, dass sie eigentlich ausgebeutet werden und unendlich vieler Güter und Schätze beraubt werden. Unfassbar, wie viele Menschen sich verschulden für Dinge, die sie entweder nicht wirklich brauchen oder sich schlichtweg nicht leisten können! Aber uns wird von allen Seiten zugesungen und lächelnd klar gemacht, dass wir es doch wert sind, uns alles leisten zu können. „O lasset uns anbeten …“! Das könnte durchaus als Titel einer Hymne für moderne Menschen gelten! Und zwar zunächst noch ganz außerhalb der Kirchen und des Glaubens.

Die Bibel weiß von all dem. Von Anfang sieht sie den Menschen vor die Wahl gestellt: nicht zwischen Anbetung und Nicht-Anbetung, sondern vor die Wahl, wen oder was er anbetet. Natürlich macht Gott immer wieder deutlich, dass er allein unserer Anbetung würdig ist und auch einen exklusiven Anspruch darauf hegt. „Du sollst keine anderen Götter haben neben mir" – du sollst dich an nichts und niemand anderen so ausliefern, wie du es mir gegenüber tust; und das hat seine guten Gründe, denn ich habe euch gemacht und geschaffen. Ihr kommt von mir her und ich habe euch so geschaffen, dass ihr nur in einer richtigen Beziehung zu mir echten Frieden und echte Erfüllung findet. Mich anzubeten, lohnt sich – denn wer sich an mich verschenkt, der wird erleben, dass ich mich längst an ihn verschenkt habe! Aber – seid achtsam, denn eure Anbetung wird immer wieder in der Gefahr stehen, sich andere Objekte zu suchen.

Und dafür finden sich in der Bibel bereits viele Beispiele, die wir heute in irgendeiner Form sehr gut kennen: Da wurden neben menschlichen Königen und Herrschern auch Himmelskörper angebetet: Sonne, Mond und Sterne. Da wurden fremde Götter sowie selbstgemachte Götzen angebetet. Für Letzteres ist das goldene Kalb besonders berühmt: das Volk trägt Gold und Schmuck zusammen, schmilzt es ein und formt daraus einen Götzen in Form eines goldenen Kalbes, um das es dann herumtanzt und dem es huldigt. Das mag uns verrückt vorkommen – ist es auch! Aber es ist uns heute in unserer aufgeklärten Welt weit näher, als wir gerne zugeben.

So oder so – die Bibel kennt sich aus und weiß, dass die Anbetung zu uns Menschen dazu gehört. Sie ist uns gegeben als Grundberufung unseres Lebens. Als Sehnsucht unserer Herzen. Und die Kernfrage lautet: Wer ist mein Gott? Wen oder was bete ich an? Wichtig ist zu wissen: Falsche Anbetung erniedrigt, zerstört, entleert und entfremdet uns. Wahre Anbetung aber führt zur Erfüllung und richtet auf!

Und hier kommt uns das Christfest als Geschenk des Himmels entgegen. Denn es klärt uns auf, wo all unsere Anbetung ihre Mitte findet und wo sie hingehört. Aus gutem Grund singen wir: „O lasset uns anbeten" – Christus, Mensch gewordener Gott, Friedefürst,

König der Gerechtigkeit, Herr aller Herren! O lasset uns anbeten – denn in diesem Christus begegnet uns der Gott, der sich schon im Alten Testament vorgestellt hatte. Hier zeigt sich der Schöpfer der Welt mit all seiner Liebe und all seiner Macht. Deshalb dürfen wir auch Psalm 95,6 für Weihnachten beanspruchen: „Kommt, lasst uns anbeten und knien, und niederfallen vor dem Herrn, der uns gemacht hat!“ Weihnachten ist ein Ruf zur wahren Anbetung. Ein Ruf *weg* von falscher Ehrerbietung, falscher Ergebenheit und ein Ruf *hin* zur wahren Anbetung, zu einem Staunen, das uns zutiefst erfüllt.

Aber wie sieht diese Anbetung aus? Wie gestaltet sie sich? Die Weihnachtsgeschichte kann uns dazu einiges sagen: Anbetung begann für die Hirten und die Weisen damit, dass sie ganz genau hingehört und hingeschaut haben. Sie haben Jesus die Chance gegeben, sie in ihrer Suche nach wahrer Anbetung zu überzeugen. Und sie ließen sich das richtig was kosten. Sie nahmen eine Reise auf sich – zugegeben, für die Weisen aus dem Osten weiter und aufwändiger als für die Hirten von den umliegenden Weiden – aber alle machten sich auf den Weg. Sie ließen Verantwortlichkeiten zurück und setzen dadurch Prioritäten. Sie investierten Zeit und Geld – um sich von dem zu überzeugen, was ihnen die Sterne bzw. die Engel versprochen hatten. Anbetung kennt keine Abkürzung! Sie geht den ganzen Weg. Anbetung schaut genau hin, sie hört genau hin. Und sie lässt sich ergreifen von dem, was sie sieht!

Und was sehen die Hirten, die Weisen? Sie sehen ein hilfloses Baby, ein Menschenkind. Geboren in einem Stall, denn das letzte Hotel hatte keinen Raum mehr frei. Und doch erkannten sie in ihm den König und den Erlöser, auf den die Welt gewartet hatte. Ein unfassbares Wunder – Gott wird Mensch. Gott der Schöpfer wird Geschöpf und kommt in seine Schöpfung. Das ist schier nicht zu fassen und die einzige Möglichkeit, damit umzugehen ist, sich von diesem Wunder erfassen zu lassen! Sich vom Unbegreiflichen ergreifen zu lassen. So wie es die Weisen taten: „Sie fielen nieder und beteten an.“ Das ist übrigens im Orient untrennbar mit der Anbetung und Ehrerbietung verbunden: man kniet sich nieder und wirft sich mit dem Gesicht zur Erde, um völlige Hingabe und Unterordnung auszudrücken! Und was man damit sagen will, ist viel wichtiger als die konkrete, körperliche Geste selbst: Ich bin dein Diener, du bist mein Herr. Ich habe meinen Gott gefunden, ich habe den gefunden, dem mein Gehorsam und meine Ehrerbietung gebührt und dem ich mich verschenken will.

Wenn wir zur Geburtskirche Jesu in Bethlehem kommen, dann finden wir eine alte Eingangstür – die sog. „Tür der Demut". Die wurde bewusst so klein gebaut, denn es sollte für jeden Besucher deutlich werden, dass man vom hohen Ross steigen und sich beugen muss, um dem Erlöser zu begegnen, der hier zur Welt gekommen ist! Das ist Anbetung. Aber seltsam wunderbar – wer sich vor Jesus neigt, den richtet er auf! Das haben die Weisen und Hirten damals auch erlebt. Die Geschenke, die sie dem Jesuskind mitbrachten, will ich an dieser Stelle nicht näher deuten, es reicht mir, aus ihnen die Botschaft zu hören: An diesen Jesus wollen wir uns verschenken! Aber wahrlich bemerkenswert: wer sich an diesen Jesus verschenkt, der wird selbst unendlich reich beschenkt! Wer sich an diesen Jesus verliert, kann ultimativ nur gewinnen! Nie zuvor und nie wieder danach waren die Weisen wohl so erfüllt und so beglückt. Endlich hatten sie gefunden, wo ihre Anbetung hingehörte!

Weihnachten also als Geburtsstunde wahrer Anbetung. Wobei das ja wirklich erst der Anfang war. Denn Krippe und Kreuz sind aus demselben Holz geschnitzt! Jesus kam, um den ganzen Weg zu gehen. Und wahre Anbetung geht diesen Weg mit. Wahre Anbetung beugt sich vor der Tatsache, dass dieser Jesus kam, um uns zu erlösen – von unserer Schuld und Verlorenheit. Dieser Jesus kam, uns zu erlösen von falscher Anbetung und deren Folgen. Wahre Anbetung lebt aus der Erkenntnis, dass dieser Jesus den Himmel verließ – mit allen Konsequenzen – um uns für den Himmel zu gewinnen. Und der Himmel ist wiederum der Ort, wo wahre Anbetung zu Hause ist. Die Anbetung, zu der uns Weihnachten einlädt, hat also wahrhaft gute Aussichten – denn sie bringt uns dem Himmel ganz nah!

Wenn ich die Offenbarung des Johannes lese, staune ich über die wunderbaren Visionen und Szenen, die ihm gezeigt werden und auf kraftvolle Weise bestätigen, was wir als Christen glauben und hoffen. In Kapitel 5 sieht Johannes z. B. eine himmlische Szene, in der Christus als Lamm und Löwe auf dem Thron sitzt und herrscht. Das Lamm als Zeichen seiner Niedrigkeit, der Löwe als Zeichen seines Herrschaftsanspruches. Vierundzwanzig Älteste, als Vertreter der Gläubigen im Alten und Neuen Bund, knien vor ihm nieder und beten an – so wie damals schon die Hirten und die Weisen! Die Ältesten tragen Harfen und singen ihm; sie bringen Weihrauch dar im Gebet und in der Anbetung. Und dann plötzlich hört man sie wieder – die Engel. Als ob die himmlische Kantate, die damals schon in Bethlehem zu hören war, hier ihre Fortsetzung erfährt: „Dem, der auf dem Thron sitzt und dem Lamm, sei Lob und Ehre, Preis und Gewalt, von Ewigkeit zu Ewigkeit!"

O lasset uns anbeten! Was wir zu Weihnachten tun und einüben dürfen, ist nicht nur eine Vorbereitung auf den Himmel, sondern es nimmt uns diesen schon vorweg. Es holt ihn zu uns – mitten in unsere bedrängte und bedürftige Welt, hinein in unsere eigenen notvollen Lebenswelten.

O lasset uns anbeten! Ich wünsche uns natürlich, dass wir das Weihnachtsfest in vollen Zügen genießen – gern auch mit allem Drum und Dran. Aber dass wir bei all dem nicht am Wesentlichen vorbei feiern. Dass wir Jesus nicht verniedlichen, ihn nicht verharmlosen. Das Verrückte ist nämlich, dass ausgerechnet Weihnachten auch zu einem Fest der falschen Anbetung werden kann! Nein – lasst uns genau hinschauen, den wahren Zauber zulassen und Jesus anbeten als den, der er ist: Gott unser Schöpfer, höchster Name, höchster Herr; der gekommen ist und wieder kommen wird. Als Erlöser und als Richter. Als Heiland und als Herr! Vor ihm sich zu verbeugen, macht wahrhaft frei und groß und glücklich! Für jetzt und für immer! In diesem Sinne ein gesegnetes Weihnachtsfest und ein fröhliches Weiterfeiern weit über diese Tage hinaus – denn Anbetung sollte ganzjährig Hochkonjunktur haben!

Zart*bitter*

Karfreitag – Andacht zur Sterbestunde Jesu: Das Wort vom Kreuz

DIE HINTER UNS LIEGENDE PASSIONSZEIT mündet heute am Kreuz. Dieser Tag trägt unterschiedliche Namen. Im Deutschen nennen wir ihn „Karfreitag", den Tag des Leidens. Dem gegenüber steht der englische Begriff „Good Friday", der gute Freitag. Und beides stimmt. Karfreitag ist ein Leidenstag, weil wir daran denken, dass Jesus damals, an diesem jüdischen Rüsttag vor dem Sabbat, gelitten hat. Es ist zugleich ein guter Freitag, weil wir daran denken, dass es nicht wir sind, die leiden müssen, weil Jesus stellvertretend für uns litt.

Als biblisches Motto für diesen Tag darf Johannes 3,16 gelten: „So sehr hat Gott die Welt geliebt, dass er seinen eingeborenen Sohn gab, damit jeder, der an ihn glaubt, nicht verloren geht, sondern das ewige Leben hat." Wenn das nicht gute Nachricht ist! Jesus selbst erinnert in diesem Kontext an die Geschichte mit der ehernen Schlange bei Mose und sieht darin ein Vorbild für sein eigenes Sterben. Wer glaubend auf den Gekreuzigten schaut, der lebt und wird vom Gericht verschont. Es geht noch weiter (V. 17+18): Wer an Jesus glaubt, kommt nicht ins Gericht. Da hören wir die Botschaft des Passahfestes durch, von dem sich unser Osterfest ja ableitet. Passah – die gute Nachricht ist, es gibt Verschonung von Gottes Gericht! Ein wirklich guter Freitag also!

Aber eben auch ein Karfreitag. Denn wir denken daran, dass unsere Verschonung ihren Preis hatte – für Jesus. Mit dem Abendmahl mit seinen Jüngern und seiner darin enthaltenen Selbstoffenbarung als Lamm Gottes am Vorabend („Gründonnerstag“) hatte Jesus den letzten Weg seines Leidens angetreten. Mit seinen Jüngern war er über den Bach Kidron gegangen, um auf dem Ölberg zu beten, an seinem Lieblingsort, dem Garten Gethsemane. Dort erlitt er im Gespräch mit seinem himmlischen Vater seelische Qualen, denn es galt, sich dem Sterben endgültig zu stellen. Dort spürte er auch, dass sich in ihm seine menschliche Seele mit allen Kräften dagegen wehrte. Aber er fügte sich dem Willen des Vaters, und das war unser Heil! Johannes berichtet dann (in Kap 18), wie Jesus verhaftet wurde und in einer nächtlichen Aktion zum Haus des Hannas gebracht wurde, dem Schwiegervater des Hohepriesters Kaiaphas, von dem er dort in einem kurzen und illegalen Prozess verhört wurde. Johannes kann sich als Evangelist einen kurzen, deutenden Kommentar zwischendurch nicht sparen und erinnert daran, dass eben dieser Hohepriester wenige Tage zuvor gesagt hatte: „Es ist besser, dass einer stirbt für das Volk, als dass das ganze Volk umkomme!“ (Joh. 11,50f). Der Evangelist sagt ausdrücklich, dass dieses Wort eine göttliche Weissagung aus dem Munde des Hohepriesters war, denn Jesus würde tatsächlich für das Volk und an seiner Stelle sterben! Für Jesus also ein Tag des Leidens, für die Vielen ein guter Freitag der Verschonung!

Ja, und von dem Hohepriester ging es dann zu Pilatus. Der hörte sich die Anklagen gegen Jesus an und verwies ihn auf Herodes, um diesen lästigen Fall loszuwerden. Herodes war offenbar gerade in der Stadt. Aber auch der wollte sich die Hände nicht schmutzig machen und ließ Jesus zurück zu Pilatus führen. All das in den sehr frühen Morgenstunden des Freitags. Aber es hatte sich schon eine große, morgendliche Menschenmasse angesammelt. Sie war von den Obersten der Juden angestachelt, vielleicht sogar bezahlt worden (wir kennen inzwischen die Bilder solcher Mobs aus dem Fernsehen nur zu gut...). Und die Masse entschied: Kreuzige ihn! Pilatus fügte sich der Volkshetze und entschied die umgehende Hinrichtung Jesu. Nicht ohne ihn vorher noch ordentlich geißeln zu lassen. Bis Jesus dann den Kreuzweg auf den Hügel Golgatha hinter sich gebracht hatte und gekreuzigt war, war es 9 Uhr geworden!

Wir sind heute dazu eingeladen, an das Leiden Jesu zu denken, das er zugunsten unserer Verschonung ertragen hat. Wir sehen ihn vor uns, am Kreuz auf dem Hügel vor der Stadt, der die Form eines Totenschädels hatte und deshalb „Golgatha" genannt wurde: Schädelstätte. Vielleicht geht die Bezeichnung auch auf die Tatsache zurück, dass an der Stelle bereits hunderte, wenn nicht tausende Menschen hingerichtet worden waren. So wie auch an diesem Freitag, als Jesus Christus dort starb. Er starb wie viele andere einen qualvollen Tod, und doch ist sein Sterben keinem anderen Sterben vergleichbar!

Jesus hing seit 9 Uhr in der Früh am Kreuz. Bis um 12 Uhr musste er sich den Hohn der Menschen um sich herum anhören. Um 12 Uhr kam dann die Finsternis, die wiederum 3 Stunden dauerte und gegen 15 Uhr aufhörte. Die ganze Schöpfung hatte sich in ein Trauerkleid gehüllt. Erst gegen Ende dieser Zeit kam dann der erlösende Tod. Die Augenblicke, die wir hier sozusagen unter dem Kreuz verbringen, gehören also der Sterbestunde Jesu an: wir wollen genau hinschauen, wollen ruhig sein und gut hinhören, weil Gott redet.

Ganz nah am Kreuz finden wir Johannes, Maria und zwei andere Frauen. Sie konnten hören, was Jesus am Kreuz sagte, seine letzten Worte! Sie waren nah genug dran. Lukas berichtet: „Es standen aber alle seine Bekannten von ferne, auch die Frauen, die ihm aus Galiläa nachgefolgt waren, und sahen das alles" (Lk. 23,49). Warum standen sie wohl von ferne und ließen Johannes mit den drei Frauen allein am Kreuz? Ob sie die Worte Jesu auch hörten? Es gab darüber hinaus noch andere Zuschauer – die aus gewisser Entfernung das Geschehen beobachteten. Lukas beschreibt ihre Reaktion: „Und als alles Volk, was dabei war und zuschaute, sah, was da geschah, schlugen sie sich an ihre Brust und kehrten wieder um" (23,48). Mehr als eine fromme Unschuldsgeste war nicht drin – nur, um sich dann wieder dem eigentlichen Leben zuzuwenden. Dem eigentlichen Leben?

Für uns jedenfalls gilt: Nur wer sich nah heran wagt und sich auf das Geschehen am Kreuz einlässt, kann die Worte hören, die Jesus gesprochen hat. Aus diesen Worten spricht die Bedeutung des Kreuzes, des Leidens Jesu. Wir wollen diese erlösenden Worte noch einmal hören und meditativ bewegen. Die Evangelisten berichten gemeinsam von insgesamt sieben Aussprüchen, die in den sechs Stunden am Kreuz über die Lippen Jesu kamen. Und diese Worte sind Worte an mich. Worte, die mir sagen, dass er all das für mich und an meiner Stelle getan hat. Worte, in denen er sich mit mir identifiziert und mich einlädt, mich mit ihm zu identifizieren.

Lukas 23,34 – Wort der Vergebung und der unendlichen Liebe

„Vater, vergib ihnen, denn sie wissen nicht was sie tun". Jesus sieht mich unter denen, die ihn ans Kreuz gebracht haben, die in den Chor der Ablehnung eingestimmt haben, weil Jesus nicht in unser Schema passt. Und Jesus rechnet es mir nicht zu, er vergibt. Der allereinzige Ort, von wo diese Worte gesagt werden können, ist die erhöhte Position des Kreuzes. Nur vom Kreuz her ist diese Vergebung möglich.

Jesus nimmt auf sich, was auch ich, zu ganz anderem Maße, immer wieder erleide: Ich bin Opfer der Sünde anderer Menschen. Ich werde unschuldig verurteilt und von anderen verstoßen. Aber Jesus lehrt mich zu vergeben – im Blick auf ihn, den Gekreuzigten!

Lukas 23,43 – Wort des Heils und der Heimkehr

„Wahrlich, ich sage dir, heute wirst du mit mir im Paradiese sein." Da hängen zwei Verbrecher neben Jesus, einer rechts, einer links. Der eine lästert Jesus, der andere erkennt ihn an als unschuldigen Erlöser. Letzterem sagt Jesus diese rettenden Worte des Heils! Sozusagen Rettung in letzter Minute! Wenn ich, wie dieser eine Raubmörder, meine Schuld einsehe, darf ich Jesus um Heimat und Heil bitten, die er mir gern und unvermittelt zuspricht. Und wenn ich mich frage, was mich das Paradies kostet, heißt es „nichts", außer Buße! Wenn ich frage, was mein Zugang zum Paradies, zur Heimat bei Gott, Jesus gekostet hat, heißt es „alles"!

Johannes 19,26–27 – Wort der Zuneigung und Fürsorge

„Frau, siehe das ist dein Sohn. Siehe, das ist deine Mutter". Jesus verabschiedet sich von seinen besten Freunden und lässt sich auch von der liebenden Mutter nicht aufhalten, seinen Weg zu Ende zu gehen. Er nimmt für sich Beziehungslosigkeit in Kauf, sagt mir aber mit seinen Worten an seine Mutter auch: Ich weiß wie es ist, jemanden schmerzlich zu vermissen und aufzugeben. Aber keine Sorge, ich sorge für dich. In seinem Schmerz und mitten im Abschied, sorgt Jesus dafür, dass die, die er zurücklässt, einander haben und füreinander sorgen. Der Gekreuzigte lässt los, aber nicht im Stich!

Matthäus 27,46 – Wort der Agonie und der Gottesferne

„Mein Gott, mein Gott – warum hast du mich verlassen?" Seine Beziehungslosigkeit führte Jesus bis zum Letzten: Er leidet an der Gottesferne und dem unendlichen Schmerz der Trennung von Gott. Kein Anruf als Vater, keine Vertrautheit. Damit nimmt er den Zustand des Menschen auf sich, der ohne Gott lebt und stirbt. Furchtbar! Er zeigt mir, wie unendlich schlimm meine Trennung von Gott ist und wo es hinführt, wenn ich mich nicht mit Gott versöhnen lasse: ewige und ultimative Trennung von Gott. Schlimmer geht es nicht!

Johannes 19,28 – Wort des Leidens und der menschlichen Bedürftigkeit

„Mich dürstet." Jesus zeigt mir, wer ich bin: ein Mensch mit Bedürfnissen und Sehnsüchten. Ein Mensch, der durstig ist. Jesus nimmt die Qual der ungestillten Sehnsucht auf sich, er macht sich eins mit mir. Er verweigert jegliche Hilfe, weil er auch weiß, dass ihn nichts erfüllen kann, was Menschenhand bietet. Nichts kann ihn erfüllen; Jesus leert sich vielmehr aus bis zum letzten Tropfen Leben, bis zum letzten Tropfen Blut und Schweiß, bis zum letzten Tropfen Sehnsucht und Lebensmut.

Johannes 19,30 – Wort des Triumphes

„Es ist vollbracht." Das meint mehr als ein Beendet-Sein. Eher: Der Auftrag ist ausgeführt. Das Maß ist voll, der Zweck ist erfüllt. Es ist vollbracht! Was ist vollbracht? Beim Anblick des sterbenden Gottessohnes erhalten wir eine zweifache Antwort: Es ist vollbracht unser Nein zu Gott und Gottes Ja zu uns! Ich höre Jesus damit sagen: Jetzt habe ich der Welt gezeigt, wie sie zu Gott steht und wohin das führen muss. Das Nein der Menschen führt soweit, dass sie einen unschuldigen Menschen und Gott selbst – die Liebe in Person – abstoßen und töten. Ich habe der Welt aber auch gezeigt, welchen Preis es Gott sich kosten lässt, sie zu erlösen. Das „Ja" Gottes führt ihn dahin, dass er sich unschuldig töten lässt, weil darin der einzige Weg zu einem Neuanfang liegt. So radikal ist sein „Ja" der Liebe!

Mit dem letzten Wort zeigt mir Jesus nicht zuletzt, was ich zu tun habe, um die Erlösung zu erfahren und seinen Tod für mich wirksam werden zu lassen:

„Vater, in deine Hände befehle ich meinen Geist" (Lk. 23,46)

Sieben letzte Rufe eines Sterbenden. Worte für eine sterbende Menschheit. Und doch Worte des Lebens – denn weil Jesus sie aussprach, kann ich leben. Ich darf meinen Geist und mein ganzes Sein in die Hände des allmächtigen Gottes befehlen, weil der Preis gezahlt ist. Am Kreuz Jesu kreuzt sich das Leben Gottes mit dem Meinen.

Und ich darf im Frieden gehen, denn die Strafe zu unserem Frieden lag auf ihm! Seine bitterste Stunde des Sterbens wurde für mich zum zarten Anfang eines erneuerten Lebens.

„Licht bricht durch in die Dunkelheit“

Andacht zum frühen Auferstehungsmorgen

DIE NACHT AUS DER WIR kommen, erinnert an die Dunkelheit, die vor Anbeginn der Welt herrschte, damals, als Gott noch kein Licht und kein Leben geschaffen hatte. Ohne Licht kein Leben! Auch als Jesus am Kreuz hing und sein Leben aushauchte, ging das Licht aus. Drei Stunden Dunkelheit, mitten am helllichten Tag! Dann starb er. Man nahm ihn ab vom Kreuz und legte ihn in eine Felsengruft. Ein dunkles Loch, und als man den schweren Stein davor gerollt hatte, war jedes Licht im Grab endgültig erloschen. Das war es wohl. Jesus war tot und damit war für viele seiner Anhänger auch jede Hoffnung gestorben. Viele waren bitter enttäuscht, dass Jesus ihre Erwartungen nicht erfüllt hatte. War das wirklich alles gewesen? Nach dem Karfreitag kam und verging auch der Karsamstag. Und die Menschen waren immer noch traurig und völlig desillusioniert. Geht es uns nicht oft genauso? Jesus wirkt weit weg, als wäre er gestorben. Oft haben wir das Gefühl, er hat uns das Blaue vom Himmel versprochen, nur um uns am Ende alleine im Regen stehen zu lassen.

Wenn es wirklich dabei geblieben wäre, dann wäre unsere Enttäuschung berechtigt. Aber hatte er nicht gesagt, dass er von den Toten auferstehen würde? Kommt nicht nach jeder Nacht auch ein neuer Morgen? Kann irgendjemand die Sonne aufhalten, aufzugehen? Paulus sagt später einmal: „Wenn Jesus nicht von den Toten auferstanden ist, dann glauben wir völlig vergebens!" Dann können wir einpacken. Dann bleiben wir Wanderer der Nacht!

> *„Licht bricht durch in die Dunkelheit, bahnt den Weg in die Ewigkeit – Jesus Christus ist da."*

Wir folgen dem Bericht des Evangelisten Johannes (20,11–18): Nach dem Sabbat, unserem Karsamstag, kamen einige Frauen sehr früh am Morgen – als die Sonne aufging – ans Grab und wollten den Leichnam des verstorbenen Jesus einbalsamieren. Sozusagen als letzte Abschiedsgeste wollten sie dem geliebten Meister etwas Gutes tun. Doch zu ihrem Schock war das Grab offen. Der schwere Stein weggerollt. Es kam noch schlimmer: Der Leichnam war nicht mehr da, jemand musste ihn gestohlen haben. Ihnen ging absolut kein Licht auf, zu benebelt war ihre Erinnerung daran, dass Jesus vor seinem Tod ja seine Auferstehung angekündigt hatte. Und dann plötzlich hörten die Frauen unbekannte Stimmen, die ihnen sagten: „Warum sucht ihr den Lebenden bei den Toten? Er ist nicht hier, er ist auferstanden!" Das musste sich erst mal setzen. Ganz langsam nur dämmerte es ihnen. Kurz darauf kommt Maria Magdalena alleine zum Grab und ist total fertig. Wir lesen, dass sie vor dem offenen Grab stand und weinte. Plötzlich hört auch sie eine Stimme, wie die anderen Frauen vor ihr: „Warum weinst du?" Maria antwortet unter Tränen: „Sie haben meinen Herrn weggenommen und ich weiß nicht, wo sie ihn hingelegt haben." Dann wendet sie sich um, der Stimme zu. Dass es Jesus selbst ist, nimmt sie nicht wahr. Unglaublich? Sie wähnt sich spontan dem Gärtner gegenüber. War Jesus durch seinen Tod so entstellt worden oder war er so verändert durch seine Auferstehung, dass sie ihn nicht erkannte? Oder konnte einfach nicht sein, was nicht sein konnte und sie sah deshalb nicht das Offensichtliche, nämlich dass Jesus selbst leibhaftig vor ihr stand? Das war schließlich völlig undenkbar, wissenschaftlich gesehen 1000% unwahrscheinlich! Doch dann geschieht das Wunderbare – Maria wird wach für das Wunder. Alles, was Jesus tun muss, ist ihren Namen zu rufen, wie er es immer getan hatte: „Maria". Mit einem Mal wird es hell um sie. Das Licht ist angegangen und sie antwortet: „Meister!"

Es ist nicht der Glaube, der Jesus von den Toten hervorholt, es ist vielmehr die umwerfende Wirklichkeit der Auferstehung, die unseren Glauben auferweckt! Was birgt doch so ein Morgen wie dieser viel vom Geheimnis des Lebens und der Auferstehung: zartes Licht und frische Morgenluft, Vögel, die mit ihrem ersten Zwitschern die Hoffnung auf einen neuen Tag besingen. All das vermittelt uns ein wenig von dem, was es heißt, dass Jesus lebt! Und so unaufhaltsam, wie das Licht nach der Nacht das Dunkel überwindet und sich die Sonne durchsetzt, so setzt sich auch die Gewissheit durch, dass Jesus tatsächlich lebt. Das Unglaubliche wurde glaubhaft! Wer die Auferstehung nicht glauben will, der wird irgendwann von dieser Wirklichkeit überwältigt. Wie Saulus/Paulus, der an Jesus zweifelte und dessen Sache aus Überzeugung verfolgte – bis er Christus selbst begegnete und von seinem Licht geblendet wurde.

Ich wünsche uns heute nicht, dass wir geblendet werden, aber dass wir – wie damals die Frauen am frühen Morgen – erfasst werden von der wunderbaren Wahrheit: Jesus lebt! Nichts ist mehr, wie es war, denn Jesus lebt und hat alles überwunden, was uns Not macht, alle Schuld, alle Angst und den Tod!

> *„Der Herr ist auferstanden. Er ist wahrhaftig auferstanden. Halleluja!"*

Jesus lebt. Und wie!

Ostern: Botschaft zur Auferstehung

TRAF ICH ERST KÜRZLICH AUF der Straße eine Lehrerin, mit der ich immer wieder freundliche Begegnungen habe und die sich gern zu Vorträgen und Veranstaltungen einladen lässt. Wir kamen ins Gespräch und da es kurz vor Ostern war, fragte sie mich: „Sagen Sie, Herr Schulte, was denken Sie über die Auferstehung? Ist Jesus wirklich leibhaftig auferstanden oder reicht es, wenn man sich nur vorstellt, als ob?" Eine sehr gute Frage. Mit der Antwort steht oder fällt unser Glaube. So hat es Paulus schon gesagt in seinem Brief an die Christen in Korinth (15,14): „Ist Christus nicht von den Toten auferstanden, so ist unser Glaube vergeblich und auch unsere Predigt!" Es ist eines, sich dem fröhlichen Bekenntnis anzuschließen: Der Herr ist wahrhaftig auferstanden! Und dann wieder etwas ganz anderes, das wirklich zu glauben und damit zu rechnen!

Ich möchte hier einen kleinen Ausschnitt aus dem Lukasevangelium zu Wort kommen lassen. Was wir dort lesen, lädt uns ein, dem Auferstandenen zu begegnen. Und wir werden feststellen, dass er *sprengt, tritt* und dass er *setzt*. Was genau, werden wir sehen!

„Als sie aber davon redeten, trat er selbst, Jesus, mitten unter sie und sprach zu ihnen: Friede sei mit euch! Sie erschraken aber und fürchteten sich und meinten, sie sähen einen Geist. Und er sprach zu ihnen: Was seid ihr so erschrocken, und warum kommen solche Gedanken in euer Herz? Seht meine Hände und meine Füße, ich bin's selber. Fasst mich an und seht; denn ein Geist hat nicht Fleisch und Knochen, wie ihr seht, dass ich sie habe. Und als er das gesagt hatte, zeigte er ihnen die Hände und Füße. Als sie aber noch nicht glaubten vor Freude und sich verwunderten, sprach er zu ihnen: Habt ihr hier etwas zu essen? Und sie legten ihm ein Stück gebratenen Fisch vor. Und er nahm's und aß vor ihnen. Er sprach aber zu ihnen: Das sind meine Worte, die ich zu euch gesagt habe, als ich noch bei euch war: Es muss alles erfüllt werden, was von mir geschrieben steht im Gesetz des Mose, in den Propheten und in den Psalmen. Da öffnete er ihnen das Verständnis, sodass sie die Schrift verstanden, und sprach zu ihnen: So steht's geschrieben, dass Christus leiden wird und auferstehen von den Toten am dritten Tage; und dass gepredigt wird in seinem Namen Buße zur Vergebung der Sünden unter allen Völkern. Fangt an in Jerusalem und seid dafür Zeugen. Und siehe, ich will auf euch herabsenden, was mein Vater verheißen hat. Ihr aber sollt in der Stadt bleiben, bis ihr ausgerüstet werdet mit Kraft aus der Höhe" (Lk. 24,36–49).

Jesus sprengt alle Dimensionen

Da sind die Jünger, elf an der Zahl. Judas fehlt, der hat seinen eigenen Verrat an Jesus nicht verkraftet und ist endgültig ausgestiegen. Die Elf hatten soeben Besuch erhalten von zwei Männern, die ihnen das Unglaubliche berichteten: Sie hatten Jesus getroffen, der doch gestorben und begraben worden war! Während die zwei noch rufen: „Der Herr ist wahrhaftig auferstanden", steht plötzlich Jesus da! Er war reingekommen, ohne anzuklopfen. Er hatte noch nicht einmal die Tür benutzt. Jesus war einfach da. Vorher hatte er sich aus Emmaus kurzerhand weggebeamt. Der Auferstandene hält sich an keine natürlichen Gesetze von Raum und Zeit mehr. Der sprengt einfach alles.

Der Auferstandene sprengt nicht nur die Gesetze von Raum und Zeit, er sprengt alles, was sich der Mensch bei allen Mitteln seines Verstandes und der Wissenschaft vorstellen kann. Er sprengt unser Fassungsvermögen. Dieser Auferstandene ist ein einziges Wunder!

Dass das bei den Männern totales Entsetzen und blanke Furcht auslöst, ist dagegen kein Wunder. Die trauen ihren Augen und Ohren nicht mehr. Die glauben, sie sehen Phantasmas, Die glauben, da steht ein Geist im Raum. Denn das konnte nicht wahr sein. Obwohl sie gerade noch die Zeugnisse gehört hatten von den beiden Freunden. Wenn es dann aber wirklich drauf ankommt, können sie es nicht glauben: „Sie erschraken aber und fürchteten sich und meinten, sie sähen einen Geist." Wie damals, in der Nacht auf dem See Genezareth. Als sie mit ihrem Fischerboot tapfer ruderten, um ans sichere Ufer zu kommen. Und dann lief da plötzlich Jesus auf dem Wasser auf sie zu. Man lief nicht einfach auf dem Wasser herum! Das widersprach jeglichen Naturgesetzen. Das konnte einfach nicht sein. Schon gar nicht in der Nacht. Und in der besagten Nacht fiel ihnen auch nichts Besseres ein, als laut zu schreien, weil sie glaubten, einen Geist zu sehen. Es ist schon eigenartig, dass Jesus solche Ängste auslösen kann. Gerade dann, wenn er nicht in unsere Vorstellungen hineinpasst und unseren Glauben derart herausfordert.

Aber Jesus löst nicht nur Angst und Entsetzen aus. Die Jünger waren von ihm auch abgrundtief enttäuscht. Als der Mann, in den sie alle ihre Hoffnung gelegt hatten, dann doch tatsächlich wie ein Verbrecher hingerichtet worden war ohne sich zu wehren und ohne ein Machtwort zu sprechen – da waren viele Menschen zutiefst enttäuscht. Er hatte ihren Erwartungen nicht entsprochen.

Ob wir nun von dem gekreuzigten Jesus enttäuscht sind oder erschrocken über den auferstandenen Christus, es gilt: Jesus sprengt unsere Dimensionen. Er passt nicht in unsere Schemata rein. Der Auferstandene ist größer als alles, was wir fassen, denken und begreifen können. Umso erstaunlicher, dass er nicht nur sprengt, sondern auch tritt …! Jesus tritt in unsere Grenzen hinein und hilft uns glauben! Indem er sich erfahrbar und verständlich macht.

Jesus tritt in unsere Grenzen hinein, macht sich erfahrbar und verständlich

Er sagt: Ich merke, ihr habt ein Problem mit mir. Ihr verwechselt mich mit einem Geist. Damit geht es euch ähnlich wie vielen Menschen, die glauben, dass die Sache mit mir und meiner Auferstehung nichts als ein großer Spuk ist. Dann beweist Jesus sehr beherzte Pragmatik und sagt: Soweit ich über Geister informiert bin, gibt es die nicht zum Anfassen. Die haben auch weder Haut noch Knochen oder gar Fleisch. Aber seht, fasst mich an, überzeugt euch selbst, dass ich kein Geist sein kann. Ich habe das, was Geistern fehlt, nämlich zwei Füße, mit denen ich auf dem Boden stehe und zwei Hände, mit denen ich ordentlich arbeiten kann. Nun konnten die Jünger ihn nicht nur im wahrsten Sinne des Wortes begreifen, sondern sie nahmen ganz sicher auch die Wundmale des Gekreuzigten wahr. Wahrscheinlich war das auch seine heimliche Intention! Dann greift Jesus noch zu einer sehr handfesten Möglichkeit, sich für seine Jünger erfahrbar zu machen: Er bittet um etwas zu essen und isst vor ihren Augen. Seine Jünger hatten sicher noch nie einen Geist gesehen, geschweige denn einen, der isst! Der Auferstandene beweist viel Hausverstand. Er weiß uns zu nehmen und uns entgegenzukommen. Und bevor er anfängt, zu predigen oder lange Erklärungen zu geben, macht er sich erfahrbar. Sehr liebevoll, sehr einfühlsam. Wie viele von uns sind zum Glauben gekommen, weil sie in irgendeiner Form der Wirklichkeit Jesu begegnet sind und haben erst im Nachhinein verstanden, was da wirklich geschehen war.

Die Erfahrung ist das eine, und oftmals auch das erste, das uns Gott schenkt. Aber dann braucht es auch die nötige Erkenntnis. Der Glaube muss im Wort Gottes verwurzelt sein. Wir müssen verstehen, dass die Dinge, die Gott tut, schon von langer Hand vorbereitet und vorhergesehen waren. Deshalb folgt jetzt eine ordentliche Bibelstunde, die der Auferstandene mit seinen Jüngern abhält. Er nimmt sie in die Zusammenhänge des Alten Testamentes hinein und erklärt ihnen, dass alles, was ihn betrifft, bereits von langer Hand vorhergesehen war. Gott hat alles gut geplant. Der Auferstandene öffnet uns die Schrift. Das muss wunderbar gewesen sein, mit Jesus gemeinsam die Bibel zu lesen und sich von ihm zeigen zu lassen, wo überall im Alten Testament von ihm geschrieben ist. Die Quintessenz bringt Jesus hier dann kurz auf den Punkt (V. 46–47):

„Der Christus muss leiden und auferstehen von den Toten am dritten Tage, damit gepredigt wird in seinem Namen die Buße zur Vergebung der Sünden unter allen Völkern!“

Die Kernbotschaft der Bibel ist das, was wir Ostern feiern: nämlich Tod und Auferstehung Jesu – mit dem Ziel, dass wir Menschen Vergebung unserer Schuld erfahren können und einen neuen Anfang! Damit wir all das begreifen, tritt Jesus liebevoll in unsere Grenzen hinein und hilft uns zu glauben. Jesus sprengt aber nicht nur alle unsere Dimensionen, er tritt außerdem nicht nur in unsere Grenzen – er setzt auch mit uns fort, was er allein begonnen hat.

Jesus setzt mit uns fort, was er begonnen hat

In diesem letzten Abschnitt (V. 47b–49) macht Jesus noch eine kurze Ansage: „Ihr sollt dafür Zeugen sein!“ Was für ein Auftrag, welche Berufung – wir sollen Zeugen sein. Das lässt natürlicherweise an die Personen im Zeugenstand denken, die vor Gericht aussagen. Oder Unfallzeugen, die der Polizei berichten, was sie gesehen haben. Und wir sollen bezeugen, was wir gesehen und erlebt haben mit Jesus. Von dem griechischen Wort, das meist mit dem deutschen „Zeuge“ übersetzt wird, kommt auch der Begriff „Märtyrer“ her. Märtyrer sind Menschen, die mit Haut und Haar für eine Sache einstehen. Im Krisenfall sind sie auch bereit, für die Sache, die sie bezeugen, einen hohen Preis zu zahlen, mitunter sogar mit ihrem Leben. Ihr sollt solche Märtyrer sein, sagt Jesus. Das setzt aber voraus, dass ihr die entsprechenden Erfahrungen mit mir gemacht habt. Und dass ihr die wichtigsten Aussagen der Bibel begriffen habt. Vor allem setzt es voraus, dass ihr diese Osterbotschaft für euch selbst begriffen habt, dass ihr zur Buße geführt worden seid und um das Geschenk der Vergebung wisst. Wenn das der Fall ist, dann will Jesus, dass wir weitergehen und weitergeben. Die Aufgabe eines Zeugen ist es, von den eigenen Erfahrungen und Erkenntnissen zu berichten! Jesus ist kurz davor, sich hier nach dem Bericht des Lukas von der Erde zu verabschieden. Er geht zu seinem Vater zurück. Aber trotzdem ist es sein Ziel, das, was er angefangen hat, fortzusetzen. Und da kommen wir ins Spiel. Er setzt mit uns und durch uns fort, was er für uns und an uns begonnen hat. Damit das gelingen kann, kommt er am Schluss noch auf die entsprechende Power zu sprechen, die er uns dafür geben wird (V. 49).

Wenn Jesus hier von dem spricht, was der Vater verheißen hat, dann meint er eindeutig den Heiligen Geist. Auch Apg. 1,8 ist da sehr klar: Die Kraft aus der Höhe ist die Kraft des Heiligen Geistes. Jesus verheißt uns den Heiligen Geist – und damit die nötige Kraft, um mit uns und durch uns fortzusetzen, was er damals begonnen hat. Als er zuvor mit den Jüngern von dem vermeintlichen Geist sprach, den seine Jünger gemeint hatten zu sehen, da hatte er gesagt: Geister haben weder Fleisch noch Blut, weder Hand noch Fuß. Wenn er hier nun den Heiligen Geist verspricht, dann sagt er damit: Auch der Heilige Geist hat keine Hände und Füße. Er ist Geist! Aber er hat euch – ihr sollt ihm Hand und Fuß sein. Später macht Paulus klar: „Wir sind der Leib Christi" (z. B. 1. Kor. 12,27), durch den er sich ausdrückt, durch den Christus erfahrbar wird in dieser Welt. Indem Jesus hier seinen Jüngern die Kraft des Heiligen Geistes verheißt, sagt er: Ich, der auferstandene Christus, will durch den Heiligen Geist an euch und durch euch bewirken, was ich damals zu Ostern für euch gewirkt habe!

Möge der auferstandene Jesus für uns, erstmals oder ganz neu, erfahrbar werden als der, der alle Dimensionen sprengt, der uns entgegenkommt und sein gutes Werk mit uns weiterführt. Mögen wir ihm, seinem Wort und seinem Heiligen Geist, den nötigen Raum geben, damit er täglich an uns wirkt, was er damals ein für alle Mal für uns erwirkt hat; wenn das geschieht – kaum auszudenken, was der Auferstandene dann auch durch uns bewirkt, zum Segen für viele andere Menschen, die ihn brauchen!

Phänomenal!

Pfingsten: Die Kraft und Botschaft der Gemeinde

DAS ERSTE PFINGSTFEST WAR EIN phänomenaler Präzedenzfall. Was damals mit den Aposteln in Jerusalem passierte, hat viel zu sagen für uns Christen hier und heute. Nach seiner Himmelfahrt setzt Jesus fort, was er während seiner Erdenzeit begonnen hatte. Mit der Gemeinde, in der Gemeinde, trotz der Gemeinde! Zum Geburtstagsfest der weltweiten Christenheit lade ich zu einer kleinen Pfingststudie ein – rund um die Urgeschichte der Gemeinde, wie wir sie in Apostelgeschichte 2 finden. Auf der Suche nach dem Geheimnis dessen, was das Phänomen „Gemeinde“ seit damals leben und wachsen lässt, wird bald deutlich: es hat mit einer speziellen Kraft und einer einzigartigen Botschaft zu tun. Oder: mit dem Geist und mit dem Wort der Wahrheit!

Phänomenal kraftvoll: Der Geist der Wahrheit

Die Kraft der Gemeinde wurde verheißen, erwartet und empfangen.

Die Kraft wurde verheißen

Zwei Bibelworte zu Beginn: In Lk. 24,49 sagte Jesus, seine Jünger sollten nach seiner Himmelfahrt „… warten, bis ihr ausgerüstet werdet mit Kraft aus der Höhe“. In Apg. 1,8 berichtet Lukas dann, wie Jesus den Jüngern bei seiner Himmelfahrt zuruft: „Ihr werdet die Kraft des Heiligen Geistes empfangen, der auf euch kommen wird …“! Nicht nur in diesen beiden Stellen, sondern immer wieder hat Jesus seinen Jüngern Kraft zugesagt und verheißen. Dabei handelt es sich um eine Kraft von oben. Aus dem Himmel. Es ist eine persönliche Kraft – die Kraft, die sich mit der Person des Heiligen Geistes verbindet.

Der Heilige Geist ist für Lukas offenbar ganz besonders wichtig. Sowohl in seinem Evangelium als auch in der Apostelgeschichte betont er jeweils gleich zu Beginn, wie wichtig der Heilige Geist für die Betroffenen ist. Mehr als seine Evangelistenkollegen redet Lukas davon, dass Jesus vom Heiligen Geist gesalbt war, dass er in der Kraft des Heiligen Geistes wirkte und überhaupt seinen Dienst „voll des Heiligen Geistes tat". Was Lukas in seinem Evangelium über Jesus berichtet, kommt dann auch bei seinen Jüngern zur Anwendung, wie er es in der Apostelgeschichte berichtet. Und hier liegt schon eine wichtige Erkenntnis: Wer so leben möchte wie Jesus, braucht den Heiligen Geist. Nachfolge überhaupt ist ohne den Heiligen Geist nicht möglich. Es kann kein Leben geben, ohne den Geist des Lebens. Kein Verständnis ohne den Geist der Wahrheit. Keine Gemeinschaft ohne den Geist der Einheit. Keine Christusähnlichkeit ohne die Frucht des Geistes. Kein wirksames Zeugnis ohne die Kraft des Heiligen Geistes.

Jesus verheißt seinen Jüngern den Heiligen Geist – und betont dabei die Kraft. Die Kraft, die sie als Christen und als Gemeinde benötigen würden! Wie sagt Paulus später zu Timotheus? „Gott hat uns nicht gegeben den Geist der Furcht, sondern der Kraft, der Liebe und der Besonnenheit" (2. Tim. 1,7). Eine ganz wichtige Zusammenstellung übrigens. Aber hier soll uns die Beobachtung ausreichen, dass Jesus seinen Jüngern eine besondere Kraft verheißt. Darauf sollten die Jünger warten. Was sie dann auch taten. In Jerusalem, wie Jesus gesagt hatte.

Die Kraft wurde erwartet

In Apostelgeschichte 1 finden wir die Jünger in einer Gruppe von ca. 120 Personen vor. Mit den Frauen, auch die leiblichen Brüder Jesu waren dabei (inzwischen offenbar schon zum Glauben gekommen). Obwohl sie alle um einen großen Auftrag wussten und um eine wichtige Botschaft für die Welt, sollten sie sich in Geduld üben und auf die Kraft warten. Und so gilt es bis heute: Der Auftrag mag noch so gut sein und die Motivation noch so lauter – aus eigener Kraft geht nichts! Wir können das Gute nicht aus uns selbst heraus schaffen! Also heißt es warten. Die Pfingstgeschichte lehrt uns: Die Kraft folgt auf das Warten. Auf ein Warten, das sich durch Gebet und Einmütigkeit auszeichnete. Manches musste zunächst geordnet werden, hier erfolgt z. B. die Nachwahl des Matthias für den Judas! Und dann war es soweit! Ob die Jünger wussten, dass sie nach der Himmelfahrt Jesu nur zehn Tage warten müssten, weiß man nicht. Dann jedenfalls war es soweit. „Als der Pfingsttag gekommen war …!" (Kap 2, 1).

Die Kraft wurde empfangen

Und damit kommen wir zu Apostelgeschichte 2 und zum *Wunder von Pfingsten!* Wir werden sehen, dass die Kraft empfangen wurde a) zu einem bestimmten Zeitpunkt, b) begleitet von bestimmten Zeichen und c) zu einem bestimmten Zweck!

a) Die Kraft wurde empfangen: Zu einem bestimmten Zeitpunkt!

Die zeitlichen Verhältnisse rund um die wesentlichen Ereignisse im Neuen Testament sind zu bedeutsam, als dass wir sie nicht näher betrachten sollten. Die verheißene Kraft für die Jünger Jesu kam nicht an irgendeinem Tag! Das Alte Testament verrät uns: Genau 50 Tage nach dem Passahfest sollte Israel das zweite große Fest feiern, das sog. „Pfingstfest". Man nannte es auch das „Wochenfest", weil es genau sieben Wochen nach dem Passahfest gefeiert werden sollte, mit dem man sich an die Befreiung aus Ägypten erinnerte. Jesus war zeitgerecht als Lamm Gottes am Passahfest gestorben. Am Passahfest hatte Jesus die große Erlösung vollzogen, so wie damals mit dem ersten Passahfest in Ägypten der Auszug begann. 50 Tage bzw. rund sieben Wochen nach Ostern also nun das Pfingstfest.

Davor hatte Jesus sich 40 Tage Zeit genommen für einen intensiven Bibelschulkurs mit seinen Jüngern. 40 Tage lang wurde also gelernt und zehn Tage gewartet! Jetzt war der 50. Tag gekommen. Der richtige Zeitpunkt!

Pfingsten war ursprünglich ein Erntefest. Nicht umsonst kommt der Heilige Geist zu Pfingsten. Mit seinem Kommen beginnt die große Ernte. Wir sehen später, dass allein an diesem einen Tag 3000 Menschen zum Glauben kamen. Wenn das keine schöne Ernte ist. Pfingsten war immer schon ein Erntefest gewesen – und wird dies nun auch im geistlichen Sinne. Die Zeit für die geistliche Erntearbeit im Reich Gottes ist gekommen.

Zur Zeit Jesu hatte sich mit dem Pfingstfest aber auch eine andere, sehr wichtige Bedeutung verbunden. Man war im Judentum zu der Überzeugung gekommen, dass am 50. Tag nach dem Auszug aus Ägypten – also zeitgleich mit dem Pfingstfest – die zehn Gebote gegeben worden waren. Das kommt nach 2. Mose 19 auch in etwa hin. Ganz Israel war deshalb zum Pfingstfest darauf eingestellt, Gott für die Gabe des Gesetzes zu danken; zu feiern, dass Gott seinem Volk die Thora geschenkt hatte – das Wort des Lebens, die gute Weisung fürs Leben. Nicht zufällig sendet Gott zu Pfingsten seinen Heiligen Geist. Weil sich die Kraft des Geistes nicht von der Wahrheit des Wortes trennen lässt. Aber auch, weil Israel zwar die Schrift kannte, nicht aber den Geist, der diese Schrift mit Kraft und Leben füllt. Man hatte sich dem Buchstaben verschrieben, aber dem Geist verschlossen. Nein, der Zeitpunkt für das Kommen des Heiligen Geistes war nicht zufällig. Gott lässt alles in guter Ordnung geschehen.

b) Die Kraft wurde empfangen: Begleitet von bestimmten Zeichen

Das Kommen des Heiligen Geistes wird von drei Phänomenen begleitet: Wind, Feuer und Sprache. Damit werden drei Sinne angesprochen: das Ohr, das Auge und der Mund!

Zuerst ein Brausen, „wie von einem starken Wind“! Wind ist schon sprachlich verbunden mit dem Wort für Geist, sowohl im Griechischen wie im Hebräischen. Hier also ein Brausen, „wie das Wehen eines starken Windes“ – Zeichen für den gewaltigen Geist. Der übrigens genauso mächtig auch im leisen Säuseln wirkt ...!

Und dann Zungen aus Feuer! Unser Sohn kam einmal vor Pfingsten mit einer Zeichnung aus dem Religionsunterricht heim und hatte Feuertropfen gemalt. Das könnte sogar stimmen. Manche Ausleger glauben allerdings, dass es „Zungen“ sein müssen, weil diese auf das Wunder der Zungenrede hinweisen, das dann folgt. Ich persönlich glaube, es reicht zunächst, einfach das Feuer wahrzunehmen. Ob Zungen oder Tropfen, Feuer ist das Symbol der Reinigung. Die gewaltige Kraft des Heiligen Geistes ist nicht zuletzt dazu da, dass sie uns reinigt und heiligt!

Aber noch ein Grund findet sich für Wind und Feuer. Beides waren Begleiterscheinungen damals am Sinai, als das Volk am Berg Gottes lagerte und Mose die 10 Gebote erhielt. Diese beiden Zeichen sollen wahrscheinlich daran erinnern, dass Pfingsten sich mit dem Wunder am Sinai verbindet. Damals schenkte Gott seinem Volk sein Wort. Heute schenkt er seiner Gemeinde seinen Geist – und damit die Kraft, das Wort zu verstehen und die guten Weisungen auch zu leben!

Interessant ist aber, dass Lukas gar nicht allzu großen Wert auf diese beiden Phänomene legt. Wichtiger ist ihm das, was dann folgt: ein regelrechtes Sprachenwunder. Genau genommen ein Verständniswunder. Es ist wie eine Fortsetzung dessen, was wir soeben gesehen haben: Gott gibt zu seinem Wort auch noch den Geist und öffnet den Menschen damit das Ohr und das Verständnis. Denn das will ja der Geist: Er will das Reden Gottes verständlich machen! Menschen aus den unterschiedlichsten Volksgruppen, Sprachgruppen und Regionen verstehen plötzlich, was die Jünger da reden. Das löst zunächst eine totale Verwirrung und Verstörung aus. Die Jünger aus Galiläa waren für ihren ungehobelten Dialekt bekannt, der als unverständlich und recht unartikuliert galt. Noch dazu schaute man in Jerusalem eher auf diese Leute aus der nördlichen Bergregion herab – die sprachen einfach eine andere Sprache. Und jetzt sind diese Männer vom Land plötzlich in der Lage, nicht nur andere Dialekte zu reden, sondern auch ganz andere Sprachen! Darin liegt eine gewaltige Botschaft. Der Geist Gottes öffnet Wege für die Botschaft des Wortes und des Evangeliums. Der Geist Gottes öffnet Ohren und überwindet Sprachbarrieren. Der Geist Gottes bringt zusammen, was alleine nicht zusammenfindet, aber zusammen gehört! Da, wo der Geist Gottes wirkt, da finden sich Gegensätze, da sammeln sich Nationen. Hier erleben wir die Geburtsstunde einer Gemeinde, die alle kulturellen, sprachlichen und politischen Grenzen überwindet.

Wie war das noch damals gewesen in Babel? Da gab es doch diesen Turm, den die Menschen bauen wollten, um ihre Stärke zu demonstrieren. Und ihre Unabhängigkeit von Gott. Und Gott sah, dass der Mensch nicht nur enormes Potential entwickelte, sondern dass er dieses auch für das Böse verwendete. Also ließ sich Gott einen Trick einfallen, um das gemeinsame Potential der Menschen zu sprengen: er verwirrte ihre Sprachen. Denn er weiß: Ohne Kommunikation keine „Kommunio"! Ohne Gespräch keine Gemeinschaft. Und das war gut so, denn ohne Gott wird sich der Mensch selbst zur größten Gefahr. Einheit ohne Gott ist entweder unmöglich, gefährdet oder gefährlich! Und hier nun das Gegenzeichen zu damals. Gott schenkt einen Weg, um die unterschiedlichen Sprachen zu vereinen. In beiden Berichten werden übrigens konkrete Volksgruppen benannt, die interessante Parallelen aufweisen. Hier in Apostelgeschichte 2 listet Lukas Vertreter der gesamten, damaligen Welt auf und wir erkennen die Völkertafel aus Genesis 10 wieder. Es ist, als ob uns damit gesagt wird: Die gesamte Menschheit hat sich wieder eingefunden zu einer neuen Heilszeit. Das Reich Gottes ist multinational, multiethnisch und multilingual. Das ist ein Wunder mit Signalwirkung: Durch das Evangelium von Jesus Christus gibt es endlich wieder eine Möglichkeit der Gemeinschaft. Durch den Heiligen Geist können wir endlich wieder Grenzen überwinden und müssen einander nicht mehr fremd sein. Später dann sehen wir in der Offenbarung des Johannes eine große Menge mit Menschen aus allen Sprachen und Nationen, die alle Jesus als ihren Herrn und Heiland anbeten! Mit dem Heiligen Geist hat uns Jesus die Kraft zur Einheit geschenkt; die Kraft zur Gemeinschaft und zur Kommunikation über Grenzen hinweg.

Bisher haben wir gesehen, dass Pfingsten den Empfang der Kraft durch den Heiligen Geist feiert, und zwar a) zu einem bestimmten Zeitpunkt und b) begleitet von bestimmten Zeichen mit Signalwirkung! Bleibt noch eine dritte Entdeckung:

c) Die Kraft wurde empfangen: Zu einem bestimmten Zweck

Die Kraft des Heiligen Geistes wurde nicht zweckfrei verschenkt. Sie verbindet sich dem Auftrag zur Weitergabe des Evangeliums! Wir haben schon gesehen, wie tief sich die Kraft des Geistes mit der Botschaft des Wortes verbindet. Alles, was uns der Pfingstbericht vermittelt, atmet eine tiefe, reiche und kraftvolle Botschaft. Der wollen wir uns deshalb bewusst zuwenden. Was sagt uns das Pfingstfest?

Phänomenal geistreich: Das Wort der Wahrheit

Die Botschaft der Gemeinde wird verstanden aus den begleitenden Zeichen und der Pfingstpredigt.

Die Botschaft der Phänomene haben wir bereits gesehen und gehört. Die Zeichen, die den Empfang der Kraft begleiten, wollen etwas zeigen, etwas sagen! Hier brauchen wir uns nicht zu wiederholen. Wenn wir im zweiten Hauptteil des Pfingstberichtes dann zur Predigt des Apostel Petrus kommen, merken wir: Die Kraft des Heiligen Geistes beweist sich nicht zuletzt durch eine vollmächtige Botschaft. Es ist offenbar eine Kraft, die speziell zur Verkündigung des Evangeliums gegeben wurde. Jetzt zeigt sich was passiert, wenn das Wort der Wahrheit sich mit dem Geist der Wahrheit verbindet!

Die Botschaft der Predigt

Während wir hören, wie Petrus seine Pfingstpredigt beginnt, merken wir, dass er sozusagen kommentiert, was gerade um ihn herum geschehen ist! So wie Jesus in seiner Erlebnis-Pädagogik auch immer wieder zeichenhafte Wunder verwendete, um mit ihnen die Botschaft zu verdeutlichen, die er den Menschen brachte. Petrus nutzt hier die Gunst der Stunde und die Kraft des Augenblicks, um von Jesus zu reden, der Heilige Geist hatte ihm dafür sozusagen die Bühne bereitet. Das ist typisch für den Heiligen Geist, er macht Jesus groß! Das sehen wir daran, dass Petrus sich in seiner Predigt auf Christus konzentriert. Dabei erzählt er die Geschichte des Messias in 6 Akten, denen wir uns hier nicht im Detail zuwenden wollen.

Diese Pfingstbotschaft ist übrigens die erste von insgesamt auffallend vielen Predigen in der Apostelgeschichte, die uns Lukas im O-Ton überliefert; hier von Petrus, später auch von Stephanus und Paulus. Was können wir von den Aposteln und ihren Predigten lernen? Wie lässt sich ihre Botschaft zusammenfassen? Ich bin sehr dankbar (wie schon oft) für sehr hilfreiche Beobachtungen des englischen Theologen John Stott in seiner Auslegung der Apostelgeschichte. Stott erkennt in der Botschaft des Petrus und auch der anderen Apostel *eine vierfache Botschaft*: Es geht um *zwei Ereignisse* (Tod und Auferstehung Jesu), die von *zwei Zeugen bestätigt* werden (Propheten und Apostel), auf der Grundlage, dass Gott *zwei Verheißungen* gibt (die Vergebung der Sünden und den Heiligen Geist) und dass Gott zugleich *zwei Bedingungen* stellt (Buße und Glaube, verbunden mit der Taufe). Das sind die wesentlichen Inhalte einer Jesus-Verkündigung, ob auf der Kanzel oder auf anderen Wegen. Wenn wir Jesus so predigen, dann bewegt sich etwas – denn der Geist der Wahrheit wirkt kraftvoll durch das Wort der Wahrheit!

Die Folgen der Predigt

Was diese Pfingstpredigt des Petrus ausgelöst und bewirkt hat, lesen wir in Apg. 2, 37–41. Das darf auch heute noch für uns gelten, wenn wir als „Botschafter“ für dieses Wort der Wahrheit eintreten. Hier sei es nur kurz skizziert.

Was die Botschaft hervorruft (V. 37):

- Die Wahrheit fand bewusste, *rationale* Aufnahme: “ Als sie dies hörten …“
- Die Wahrheit löste *emotionale* Reaktionen aus: „Es ging ihnen durchs Herz!“
- Die Wahrheit forderte eine w*illentliche Entscheidun*g heraus: „Was sollen wir tun?“
- Das gibt dem Petrus eine Steilvorlage, um aufzuzeigen, was jetzt dran ist.

Was die Botschaft einfordert (V. 38):

- Eine *innere Reaktion*: Buße und Glaube
- Ein *äußeres Zeichen* der Identifikation: Die Taufe
- Was die Botschaft dafür verspricht (V. 39–41):
  - Die Gewissheit der Vergebung
  - Die Gewissheit des Heiligen Geistes
  - Die Gewissheit, dass mit all dem gerade wir gemeint sind!

Was für eine geistreiche und kraftvolle Botschaft im besten Sinne des Wortes! Wirklich phänomenal. Und dabei gar nicht nur „von Gestern“. Weder Geist noch Botschaft haben heute irgendetwas von ihrer Kraft und Relevanz verloren. Beide stehen heute noch der Gemeinde Jesu zur Verfügung, als Zuspruch und Anspruch.

Möge es Pfingsten werden – nicht nur alle Jahre wieder, sondern alltäglich zu dem Maß, wie wir uns dieser Kraft und dieser Botschaft öffnen und zur Verfügung stellen.

Vivit

Neujahr: Jesus lebt; mit ihm auch ich!

MARTIN LUTHER WAR NICHT NUR bekehrter Mönch und berühmter Reformator. Er war immer wieder auch ein angefochtener Ehemann und Hausvater. Mit schlechten Tagen und übler Laune. Was braucht man da? Eine ebenso fromme wie beherzte Ehefrau mit guten Einfällen! Und so eine hatte Luther zum Glück geheiratet – eine ehemalige Klosterschwester. Irgendwann ließ seine Käthe das Eingangsportal zum Lutherhaus neu gestalten und für alle gut sichtbar, eingefasst in eine Rosenblüte, ein Wort eingravieren: „Vivit". Er lebt! Daran sollte sich Martin Luther erinnern, wenn er das Haus verließ; das sollte jeder wissen, der ins Haus reinkam: „Vivit" Hier lebt nicht nur ein mitunter schwergeprüfter Prediger, hier lebt nicht nur eine Familie mit vielen Kindern, oft krank, immer wieder streitend und manchmal reizend. Hier lebt nicht nur eine fleißige Hausfrau, die für das Wohl der Familie und vieler Gäste sorgt. Nein – hier lebt ER! Jesus!

Wir stehen an der Schwelle zu einem neuen Jahr, zu einem neuen Zeitraum, in den man hineingeht wie in einen Wohn- und Lebensraum. Hier wird gearbeitet, gelacht, geweint, gestritten, gelobt und gelernt. „Vivit" – was bedeutet dabei das Bekenntnis von Frau Luther für unseren Alltag? Mir fallen dazu zwei Aussagen im neuen Testament ein, an denen wir uns hier orientieren wollen. Sie fassen sich wunderbar in einer bekannten Liedzeile zusammen: „Jesus lebt, mit ihm auch ich". Meine Frau und ich sind uns übrigens darin einig, dass dieses Bekenntnis einmal auf unseren Grabsteinen stehen soll.

Darin klingen die beiden biblischen Texte mit, um die es mir hier geht. Das eine ist die Verheißung Jesu, sozusagen als Leitwort: „Ich lebe und ihr sollt auch leben" (Joh. 14,19). Das andere ist das Echo dieser Verheißung in den Worten des Paulus in Phil. 1,21, sozusagen als Antwort: „Denn Christus ist mein Leben und Sterben ist mir Gewinn!" Dieses letzte Wort hätte Paulus nie sagen können, ohne dass Jesus ihm mit seinen Worten zuvorgekommen wäre. Genauso kann aber die Verheißung Jesu für uns bedeutungslos bleiben, wenn wir sie nicht wie Paulus für uns persönlich in Anspruch nehmen und daraus ein persönliches Bekenntnis machen, ein Lebensmotto: Christus ist mein Leben!

Das Leitwort (Jesus): „Ich lebe und ihr sollt auch leben"

Ein kurzer Blick in den Kontext von Johannes 14: Jesus hält seine Abschiedsrede; dabei denkt er bemerkenswerterweise jedoch nicht an seinen Tod, sondern an seine Rückkehr zum Vater. Wenn er hier von seinem Leben spricht, dann setzt er also sein Sterben und seine Auferstehung schon voraus. Sein Sterben steht unter dem klaren Vorzeichen des Lebens, unter dem Motto: Ich lebe und daran kann auch mein Sterben nichts ändern! Jesus denkt hier nicht an seinen Tod, sondern darüber hinaus an die Jünger, die zuschauen werden, wie er zum Himmel auffährt und sich dabei ernsthafte Fragen stellen werden: Und jetzt? War das alles? Jetzt lässt er uns allein? Ziemlich vertraute Fragen, wenn wir ehrlich sind. Um diesen Fragen vorzubeugen, sagt Jesus hier: Macht euch keine Sorgen. Ich lasse euch nicht allein. Ich komme wieder zu euch – durch meinen Geist – und der wiederum wird euch mein Wort in Erinnerung rufen. Das ist die Aussage dieses Abschnitts. Und fast wie selbstverständlich, wenn nicht sogar nebenbei, sagt Jesus dann noch im sprachlichen Indikativ: Ach ja, bevor ich es vergesse: Ihr werdet auch leben!

Das erinnert mich an die guten alten Zeiten, als ich noch im Bauch meiner Mama schwamm und ganz und gar von ihr abhängig war. Nein, was war das gemütlich. Und warm. Immer wenn meine Mama aß, aß ich auch. Wenn meine Mama trank, trank ich auch. Wenn meine Mama Auto fuhr, fuhr ich mit. Wenn meine Mama Musik hörte, hörte ich mit. Und wenn meine Mama schlief, da wurde ich munter … und wollte raus! Wie auch immer, darin erkenne ich etwas wieder von dem, was Jesus hier sagt: Ich lebe – und ihr lebt auch. Ihr hängt an mir, ihr seid abhängig von mir und profitiert von meinem Leben. Von meinem Geist. Und von meinem Wort. Von meinem Frieden, meiner Liebe!

Weil Jesus lebt, lebe auch ich. Was aber ist das für ein Leben, das uns Jesus gibt? Wir entdecken in diesem Abschnitt, dass es ein *ausgetauschtes*, ein *anderes* und ein *angefochtenes* Leben ist:

Das ausgetauschte Leben

Wir erkennen hier keinen Imperativ, keine Aufforderung. Jesus sagt im sprachlichen Indikativ: Ihr werdet leben. Das ist eine Verheißung. Hier geht es nicht um irgendetwas, das du produzieren kannst. Du kannst noch nicht einmal etwas dazutun. Du kannst es nur zulassen. Zulassen, dass Jesus sein Leben auf dich überträgt. Jesus sagt uns: Gib mir dein Leben, deine Schuld, deine Begrenzung, deine Angst, deine vermeintlichen Rechte und Sicherheiten. Im Tausch dagegen gebe ich dir mein Leben, meine Vergebung, meine Ewigkeit, meine Kraft und meinen Schutz. Gib mir deinen Glauben und ich schenke dir mein Leben. Lebe du in mir, dann lebe ich in dir! Ein ausgetauschtes Leben also, das ist die Grundlage unseres Lebens als Christ. Nicht mehr lebe ich, sondern Christus lebt in mir! Es ist zugleich aber auch ein völlig anderes Leben.

Das andere Leben

Das ausgetauschte Leben ist ein anderes Leben, als man es natürlicherweise kennt. Der Heilige Geist ist ja auch etwas ganz anderes als unser menschlicher Geist. Ganz zu schweigen vom Zeitgeist. Mit dem Heiligen Geist bekommen wir eine völlig neue Software installiert, die uns wesentlich von unserem bisherigen Leben oder dem anderer Menschen ohne Jesus unterscheidet.

Wenn Christus durch seinen Geist in uns lebt, dann macht uns das zu anderen Menschen. Jesus spricht davon, dass wir dann „neu geboren“ sind. Alles steht unter völlig neuen Vorzeichen: das Geld, die Gesundheit, das Aussehen, das Ansehen, das Empfinden, meine eigene Meinung, meine Wünsche, meine Beziehungen – das alles verliert an Bedeutung bzw. gewinnt ganz neue Wertigkeiten! Diese Dinge geben in unserer Welt normalerweise den Ton an. Dazu sagt Jesus in der Bergpredigt: Macht euch keine Sorgen um das, was ihr euch kaufen sollt, anziehen wollt und essen müsst, sondern trachtet zuerst nach dem, was Gott will. Christus in mir setzt neue Prioritäten. Und wir merken – je mehr sich die Lebensart Jesu durch seinen Geist in uns durchsetzt, desto mehr werden wir unser Leben als völlig „anders“ erleben.

Das ausgetauschte Leben ist nicht zuletzt auch anders, weil es ein ewiges Leben ist. Das entlastet ungemein: Ich muss nicht mehr versuchen, aus dem Leben vor dem Tod alles herauszuholen, denn ich weiß, dass mir nach dem Sterben alles geschenkt wird. Ich weiß, das Beste kommt erst noch. Ich freue mich auf den Himmel und lerne, mein Leben aus der Sicht des Himmels zu sehen.

Das Leben, von dem Jesus redet, ist also ein *ausgetauschtes* Leben, ein völlig *anderes* Leben – deshalb aber auch ein angefochtenes Leben.

Das angefochtene Leben

Was die Welt nicht kennt und versteht, das lehnt sie ab. Wer sich nicht anpasst, wird gemieden oder sogar bekämpft. Das beschreibt Jesus dann in Johannes 15 und 16 sehr genau. Z. B. in 15,18 „Weil ich euch aus der Welt erwählt habe, darum hasst euch die Welt“. Wenn Jesus hier von der Welt redet, dann meint er damit Menschen bzw. Systeme ohne Jesus. Wir sind anders. Unsere Wertigkeiten, unsere Ziele und Lebensinhalte sind anders. Und was die Welt nicht als das ihre erkennt, dass lehnt sie ab! Das ist einfach so, auch wenn es oft nicht einfach ist! Eigenartig ist nur, dass wir als Christen eigentlich niemandem gefährlich werden. Vielmehr kann einer Gesellschaft nichts Besseres passieren, als möglichst viele Christen zu haben. Denn die tun (potentiell) den Mitmenschen gut. Und trotzdem stören sie!

Mein guter Freund Jura aus Fernost-Russland kam als Mittzwanziger zum Glauben an Jesus und ist seitdem zutiefst überzeugt, dass sein geliebtes aber so marodes Russland dringend Jesus braucht. Er ist sicher, dass dem Land in jeder Hinsicht nichts Besseres passieren könnte. Und trotzdem wird er beobachtet, musste sich schon wiederholt vor dem Geheimdienst rechtfertigen. Weil man ihn für einen Staatsfeind oder Spion hält, weil er mit seinen Lebensansichten und seinem Lebensstil nicht ins System passt. Weil man schlichtweg keine Ahnung hat, wie freundlich und wohlgesonnen die Christen ihrem Land gegenüber wirklich sind. Wie auch immer – Jura macht das keine Angst, er sieht das sehr nüchtern – und von Jesus her richtig. Wir Christen werden immer Fremdkörper sein in dieser Welt, so gut wir es auch meinen. Und das hat mit der geistlichen Realität zu tun, von der wir hier reden. So war es immer schon, so ist es heute und so wird es immer bleiben. Ein angefochtenes Leben eben!

Aber dann merken wir außerdem, dass in unseren Herzen noch diese Stimme ist, die sagt: Mach doch mit. Pass dich doch an. Geh doch mit der Masse. Tut doch jeder … Dieser lästige Mann im Ohr (oder ist es bei manchen doch eher eine frauliche Stimme?) wird nicht müde, dir dein „Anders sein" zu vermiesen!

Das Christsein ist ein angefochtenes Leben. Es ist Kontrastprogramm. Es ist Kampf. Denn nicht nur die Welt kämpft gegen uns, sondern auch unser eigenes sündhaftes Wesen und der Teufel. Das sind die drei Fronten unseres geistlichen Kampfes – das eigene Herz, die Welt und der Teufel. So lehrt uns die Bibel. Das ausgetauschte Leben, an dem uns Jesus teilhaben lässt, ist also ein angefochtenes Leben – nicht zuletzt weil es so ein völlig anderes Leben ist!

Übrigens, genau diese drei Aspekte haben auch das Leben Jesu ausgemacht – was uns ja nicht überraschen sollte, wo wir doch an seinem Leben teilhaben! Jesus lebte ein ausgetauschtes Leben, weil er in meine menschliche Rolle geschlüpft ist und in meinen Schuhen lief. Jesus lebte aber zugleich das ganz andere Leben, weil es aus Gott kam und er sich von seinem Vater führen und vom Heiligen Geist füllen ließ. Jesus lebte außerdem ein angefochtenes Leben und stieß trotz seiner Sündlosigkeit und seiner schier unfassbaren Menschenliebe auf Ablehnung bis zum Tod. An diesem Leben lässt er uns teilhaben: „Ich lebe und ihr werdet auch leben!"

Das waren zunächst Entdeckungen bei den Abschiedsreden Jesu an seine Jünger in Johannes Kapitel 14. Jesus gibt seinen Nachfolgern enorme Verheißungen. Aber Verheißungen haben die Eigenart, dass sie in Anspruch genommen werden wollen. Die Worte Jesu wollen ein Echo finden in unserem Leben. So wie sie es bei Paulus fanden.

Die Antwort (Paulus): „Christus ist mein Leben und Sterben mein Gewinn" (Phil. 1,21)

Großartige Worte – rund 30 Jahre später. Und knapp 2000 Jahre danach bewegt uns heute die Frage: Paulus, wie kannst du das sagen? Was meinst du damit? Wie lebt sich das denn?

Ach, sagt Paulus. Danke, irgendwie ganz leicht und doch sehr schwer. Aber gut dass du fragst. Da wo ich bin, kann mir nichts Besseres passieren als Christus. Denn alles andere scheine ich schon verloren zu haben. Ich sitze im Gefängnis. Und da bin ich sehr allein, denn irgendwie scheinen nur ganz wenige Mitchristen auf den Gedanken zu kommen, mich zu besuchen. Als ob das nicht genug wäre, habe ich erfahren, dass sich manche Christen offenbar freuen, dass ich endlich weggesperrt bin und sie nun ein wenig von den Lorbeeren abkriegen, um die sie mich als Apostel schon so lange beneidet haben. Tja, mir ist so gut wie alles genommen worden. Mein Dienst, meine Aufgaben, meine Freiheit, meine Freunde. Von meinen Büchern, meinem Bett und der schönen Aussicht ganz zu schweigen. Und meine Gesundheit gedeiht hier unten im Kerker auch nicht allzu sehr. Christus ist mein Leben, was denn sonst? Es gab Zeiten, da habe ich mir etwas auf meine Ausbildung eingebildet, da war ich stolz auf meine besondere Abstammung und ich war sicher, mit meiner Hingabe Gott und jeden einzelnen Engel zu beeindrucken. Von wegen! Wenn du mich heute fragst, das ist doch nichts als Dreck.

Ja, sag mal Paulus, Christus zu gewinnen, kann doch nicht bedeuten, dass er das Letzte ist, was dir noch bleibt. Ist das nicht ein wenig armselig? Gibt es denn nichts, was er dir zu bieten hat? Etwas wirklich Lohnenswertes? Etwas, wofür du, wofür du sogar …

Du meinst, höre ich Paulus antworten und meinen Satz fortsetzen, etwas, wofür ich sogar ins Gefängnis gehen würde und bereit wäre zu sterben? Gut dass du das ansprichst. Was meinst du wohl, warum ich hier sitze. Ich bin ja gerade deshalb hier, weil ich eine folgenschwere Entscheidung getroffen habe. Damals, vor Damaskus. Und seitdem immer wieder. Ich habe entschieden, mein Leben diesem Jesus anzuvertrauen. Und dabei entdeckt, dass ich weit mehr gewinne, als ich je verlieren kann! Aber um ganz ehrlich mit dir zu sein – ich habe damals nicht geahnt, wie groß mein persönlicher Verlust werden würde. Und das war gut so, denn sonst hätte ich mir womöglich manche Hintertür offen gelassen. Und jetzt, wo ich nur noch darauf warte, dass mir das Letzte genommen wird – das nackte Leben – jetzt sehe ich so eigenartig klar. Ich sehe mehr denn je, dass mein eigentliches Leben niemand von mir nehmen kann. Denn eigentlich lebe ich nicht mehr mein eigenes Leben, sondern Christus ist mein Leben. Und was ich lebe, das lebe ich für den Sohn Gottes, der sich für mich hingegeben hat und am Kreuz für mich starb. Und – hören wir Paulus fortsetzen – wie war das damals, bei Jesus selbst? Der war nicht im Grab zu halten. Meinst du, mir wird es anders gehen? Weil er auferstanden ist, werde ich auferstehen! Wenn ich ehrlich bin, habe ich grade keine größere Sehnsucht, als diese Welt zu verlassen, und ganz und gar für immer bei Ihm zu sein. Christus ist mein Leben und Sterben ist mein Gewinn. „Tod, wo ist dein Stachel, wo ist dein Triumph“ (1. Kor. 15,55)?

Nein, der Philipperbrief ist nicht das depressive Testament eines zum Tode Verurteilten, der sich an Christus klammert wie ein Ertrinkender an den verbleibenden Strohhalm. Obwohl dieser Brief nach menschlichem Ermessen wirklich zur Hinterlassenschaft eines Verlierers gehört, strotzt er nur so voll Kraft, Souveränität und einer seltsam nüchternen Leidenschaft. Geschrieben in einer nasskalten Zelle, ohne gute Aussichten und irgendwelche Sicherheiten ist dieser Brief durchdrungen vom Himmel, von Freude, von Klarheit, von Liebe. Obwohl Paulus kurz davor ist, für Christus zu sterben, scheint man hier mehr Christus zu entdecken, als je zuvor bei Paulus. Jetzt müsste man den Brief erst recht nochmal lesen. Wir würden staunen, wie voll er mit Christus ist. Als ob seine so steile Aussage in Kapitel 1,21 die Überschrift sei, wird diese in Folge (Phil. 2–4) mit viel Leben gefüllt und erläutert:

Christus ist mein Leben, weil seine Demut mich erhöhte, weil seine Gesinnung mir Vorbild ist, weil die Freude an ihm meine Kraft ist, weil er mein Ziel und meine Berufung ist. Christus ist mein Leben, weil ich von ihm ergriffen wurde.

Christus ist mein Leben, bekennt Paulus, weil ich ihn vom Himmel her erwarte und weiß, dass er meinen schwachen Körper verwandeln wird, so wie der Körper Jesu herrlich verwandelt wurde durch die Kraft, mit der er sich alle Dinge untertan machen kann.

Christus ist mein Leben, weil der Friede Gottes, der höher ist als alles was ich je mit dem Verstand begreifen könnte, mein Herz und mein Denken bewahrt in Christus.

Christus ist mein Leben, weil ich alles vermag durch ihn, der mich mächtig macht.

Starke Worte. Und das alles als Antwort auf die Einladung Jesu: Überlasse mir dein Leben, deine Sorgen, deine Schuld, deine Zukunft; und lasse dich im Gegenzug mit meinem Leben, meiner Kraft, meinem Geist, meiner Zukunft und meinen Plänen beschenken. Lass zu, dass ich dein Lebensinhalt, deine Mitte und dein

Lebensziel bin. Lass dich von mir, von meinem Wort, meinem Geist, meiner Liebe, meinem Frieden durchleben und erfüllen.

Leben und leben lassen! Darum geht's. Paulus lebte *das ausgetauschte Leben,* von dem Jesus in Johannes 14 spricht. Paulus lebte *das andere Leben* – so komplett anders, das selbst wir seine Briefe lesen und immer wieder merken, wie weit wir von dieser Lebenseinstellung entfernt sind. Paulus lebte das *angefochtene Leben,* und er hielt stand. Weil es nicht Paulus war, sondern Christus in ihm, für ihn und mit ihm!

Was für ein Geheimnis! Und das Großartige ist: Wenn ich das zulasse, fügt sich noch ein weiteres „A" hinzu. Dann wird das ausgetauschte, andere und angefochtene Leben zu einem ungemein *ansteckenden Leben.* Und was bin ich froh, dass Paulus nach Kapitel 1 des Briefes noch nicht von Christus in die Ewigkeit geholt wurde, denn sonst würden uns einige hoch ansteckende und inspirierende Kapitel fehlen.

Christus ist mein Leben: je mehr das in meinem Leben Wirklichkeit ist, desto ansteckender wird mein Leben. Desto vollmächtiger, desto fröhlicher, desto gewisser, desto demütiger. Desto spannender. Desto erfüllter. Komme, was wolle!

Was bleibt uns also zum Abschluss? Das kleine Wörtchen „Vivit". ER lebt! Und damit verbunden die Erinnerung: Mit ihm lebe auch ich! Aller Vorläufigkeit zum Trotz. Wenn wir dieses Bekenntnis auf einem Grabstein entdecken, ist aus der Vorläufigkeit eine herrliche Endgültigkeit geworden: Aller Trauer, allem Schmerz und aller menschlichen Begrenztheit zum Trotz.

Was uns wohl erwartet im neuen Jahr, im neuen Zeit-Raum? Forrest Gump saß damals auf dieser Parkbank und sagte: „Meine Mama hat immer gesagt: Das Leben ist wie eine Pralinenschachtel – man weiß nie, was drin ist." Was auch immer drin ist in den kommenden Wochen und Monaten – am Eingangsportal steht ein tolles Wort: VIVIT. Jesus lebt! Für uns. Mit uns. In uns. Durch uns! Trotz uns! Da kommt echte Freude auf!

TEIL 2

Nachfolge wagen

Inspiration durch biblische Personen

Zweifeln.Glauben.Genießen

Abraham (1): An Gott scheitern und wachsen

WIR ALLE LIEBEN GESCHICHTEN VON echten Menschen im echten Leben. Dass auch Gott Geschichten liebt, sieht man nicht zuletzt daran, dass rund 60 % der Bibel aus ihnen besteht! Gott liebt nicht nur Geschichten, er schreibt sie auch – Lebensgeschichten, und Heilsgeschichten! Von Menschen, die bei Gott ihr Heil, ihre Bestimmung und ihre Erfüllung fanden.

Die Geschichte, um die es uns hier geht, ist uralt und doch sehr aktuell; sie wurde aufgeschrieben und unzähligen Generationen seitdem erzählt und wieder erzählt. Unzählige Menschen haben sich durch die Jahrtausende hindurch in dieser Story wiedergefunden. So soll es sein, auch bei uns!

Es ist eine Geschichte zwischen Zweifel und Glaube, eigentlich zwischen verzweifeltem Glauben und ebenso verzweifeltem Unglauben. Glaube denkt ganz und gar von Gott her, von seinen Möglichkeiten, von seinen Verheißungen. Der Zweifel und Unglaube geht von unseren menschlichen Möglichkeiten und Unmöglichkeiten aus. Und somit lautet die zentrale Frage: Denken und leben wir von Gott oder von uns her? Gehen wir ganz und gar von Gottes Möglichkeiten und Verheißungen aus, auch wenn unterwegs alles dagegen zu sprechen scheint? Zweifeln und glauben also. Dass es sich hier auch um eine Geschichte zum Genießen handelt, hat nicht zuletzt damit zu tun, dass das Lachen eine Hauptrolle spielt. Und die Frage: Wer lacht zuletzt? Denn wer zuletzt lacht, der lacht am besten!

Eine Story, in der Glaube Trumpf ist, auch wenn der Zweifel und der Unglaube immer wieder das Spiel zu machen scheinen! Insgesamt setzt sich jedoch das Vertrauen durch und hat das letzte Wort! Die Geschichte macht Mut für Glauben auf der Langstrecke – auch wenn diese mitunter durch extrem schwieriges Gelände führt und man unterwegs des Öfteren zu scheitern droht.

Im Zentrum der Geschichte geht es um ein Ehepaar. Die Welt kennt hauptsächlich den Mann – der ist berühmt, ein Mensch der Öffentlichkeit, einer der einflussreichsten Männer der Weltgeschichte überhaupt. Ein großer Mann des Glaubens. Und des Unglaubens! Seine Geschichte verbindet sich allerdings untrennbar mit seiner Frau. Die trägt einen edlen Namen: man nannte sie zunächst „Prinzessin", später wurde dies abgeändert in „Dame von Ansehen". Offenbar eine rassige Schönheit, begehrenswert, attraktiv. Zu diesem Urteil kam sogar einmal niemand geringerer als der Pharao von Ägypten persönlich. Wenn wir dem Mann das erste Mal begegnen, trägt er den Namen „Erhabener Vater". Später ändert Gott diesen Namen in „Vater von Vielen". Ein viel versprechender Name. Nicht übel, was dieser Mann alles vorzuweisen hat: eine edle Frau, einen edlen Namen – und dazu noch das edle Versprechen, das Gott ihnen gemacht hatte: Ihr werdet einen edlen Sohn bekommen und durch ihn eine unzählbare Nachkommenschaft haben. Abram, wie er zunächst hieß, sollte sich die Sterne anschauen und diese versuchen zu zählen – nur um eine Ahnung zu kriegen, wie unvorstellbar viele Nachkommen er haben würde. Wow – mit so einem Versprechen lässt es sich doch gut leben. Wenn das keine edlen Aussichten sind. Auf so ein Versprechen lässt es sich auch mal ein wenig warten.

Und so gehen die Jahre ins Land. *Ein, zwei, drei …* Gott hat offenbar Zeit, bis er sein Versprechen einlöst. Die Frau wird nicht schwanger, so sehr sie beide auch ihren Teil dazu tun. Dann wiederholt Gott sein Versprechen, nur um Abram und seine Frau Sarai – nun kennen wir auch ihren Namen – erst recht wieder warten zu lassen.

Vier, fünf, sechs Jahre ... inzwischen weist Abrams Vertrauen in Gottes Zusage ernsthafte Sprünge und Löcher auf; er drückt seine ersten massiven Zweifel aus: Ach Gott, was soll ich denn von dir noch erwarten? Ich werde nicht jünger und habe noch immer keinen Erben für meinen Besitz. Von den unzählbaren Nachkommen ganz zu schweigen ...! So lesen wir in 1. Mose 15. Mit dem Zweifel melden sich aber auch erste plausible Alternativen: Vielleicht hat Gott gar nicht unbedingt einen leiblichen Erben gemeint, da gibt es doch meinen Knecht Elieser, der als mein Stellvertreter so gut wie mein eigener Sohn ist – ach Gott, nimm doch den als meinen Erben ...!

Gott hört genau hin. Er geht auf seinen Zweifel ein: Nein Abram, ich spiele nicht mit dir. Du wirst deinem Namen als „Vater" im echten Sinne alle Ehre machen, du wirst einen leiblichen Erben bekommen. So wiederholt Gott sein Versprechen und verbindet es mit einer deutlichen Symbolhandlung, in der er Abram erfahren lässt, dass er wirklich da ist und dass er keine Fata Morgana ist.

Sieben, acht, neun, zehn Jahre ... Gott lässt ihn weiter warten. Und jetzt meldet sich die Frau zu Wort. Ihr reicht es! Sie hat ihre biologische Uhr schon lange genug ticken gehört. Ihr Fazit nach den zehn Jahren ist sehr nüchtern: Mein lieber Göttergatte, die Zeit ist abgelaufen, der Traum vom Kind ist ausgeträumt. Gott hat mir den Mutterleib verschlossen, es soll offenbar nicht sein. Jedenfalls nicht mit mir! Lass dir etwas anderes einfallen. Ach wo – ich habe mir schon was einfallen lassen. Etwas völlig Legales in unserer Kultur, angepasst an unsere Gewohnheiten hier im Orient: „Nimm meine Magd Hagar und zeuge mit ihr deinen Sohn". Vielleicht hatte sich Gott das von Anfang an so gedacht; schließlich hat er nur von deinem Sohn gesprochen, aber er hat nie definiert, von welcher Frau er kommt. Also los ...

Wir sehen nicht, dass Abram zögert. Die Alternative hört sich plausibel an. Beim letzten Mal, als ihn der Frust und die Zweifel überrollten, da hatte er wenigstens noch gebetet, hatte sich direkt bei Gott beschwert und ihm seine alternative Idee mit dem Knecht Elieser genannt. Jetzt betet er nicht mal mehr, macht Gott auch keinen Vorwurf, wendet sich überhaupt nicht an ihn. Abram nimmt die erstbeste Idee, immerhin kam sie ja von seiner Frau, und legt los. Und der Erfolg lässt nicht lange auf sich warten. Hagar wird schwanger, Abrams heiß ersehnter Sohn und Erbe ist unterwegs. Na also …

Aber das Glück und die Freude wollen sich noch immer nicht so recht einstellen. Die werdende Mutter Hagar, obwohl sie eigentlich Sklavin ist, weiß sehr wohl, was es bedeutet, vom Ehemann ihrer unfruchtbaren Herrin schwanger zu sein. Und sie beginnt sich über ihre Herrin zu erheben, blickt auf sie herab. Das hat Sarai, die edle Prinzessin, natürlich gar nicht gern. Was hier bereits beginnt, würde für alle Zeiten so bleiben. Der Sohn, dem dann der Name Ismael gegeben wird, würde zu seinen Lebzeiten und weit darüber hinaus auch durch seine Nachfahren immer wieder ein unbequemer Faktor bleiben. Und das hat damit zu tun, dass Ismael im Unglauben und im Zweifel gegenüber Gott gezeugt wurde. Abram hatte nicht mehr warten können oder wollen. Er hatte eine Abkürzung ans richtige Ziel gesucht. Er hatte versucht sich zu nehmen, was man sich nur schenken lassen kann. Er hatte versucht, das Richtige auf falsche Art und Weise zu bekommen. Ismael war die Frucht seiner Ungeduld und seines Unglaubens. Wenn Gott nicht handelt, wie wir es erwarten, dann zehrt sich der Glaube aus. Wir mögen vielleicht wirklich Großes von Gott erwarten, sogar das Unmögliche – aber bitte sofort, Herr! Bitte möglichst nach meinem Zeitplan. Ich weiß genau, wann du was zu tun hast, lieber Gott.

Einmal gezeugt und geboren, ist Ismael nicht mehr aus der Welt zu kriegen. Der wächst und gedeiht und man hört länger nichts von Abram und Sarai. Bis Ismael dreizehn Jahre alt ist. Dreizehn stille Jahre. Sehr glücklich werden diese nicht gewesen sein. Geistlich sicher nicht sehr erbaulich. Das Verhältnis zwischen den Eheleuten muss sehr belastet gewesen sein. Wie oft mag Sarai bedauert haben, ihrem Mann diesen Vorschlag gemacht zu haben. Jetzt hatte er einen Sohn von ihrer Magd. Ihr Ansehen war dahin, noch dazu in ihrem orientalischen Kulturkreis. Was für eine Schande!

Zwischen Abram und Sarai wird es also schon länger nicht mehr so richtig gefunkt haben. Auch seine Beziehung mit Gott stell ich mir nicht gerade erbaulich vor. Jeder Tag, jede Begegnung mit Ismael und jede mürrische Laune seiner Frau erinnerte ihn daran, dass er Gott vorweggegriffen hatte, dass er nicht die Geduld aufgebracht hatte, auf Gottes Zeit zu warten. Sein Gebetsleben war sicherlich nicht auf der Höhe. Man könnte sagen: geistliche Krise bei Familie Abram!

Und Gott? Wie geht er damit um? Er hat wieder mal Zeit. Dreizehn Jahre gehen ins Land. Dreizehn Jahre lässt Gott Sarai schmollen und Abram schweigen. Vielleicht brauchen sie das und sollen sie zunächst mal erleben, in welche Situation ihr Unglaube sie geführt hat? Nicht dass Gott während dieser Zeit gar nicht aktiv ist. Aber eben nicht bei Abram und Sarai. Umso mehr aber bei Hagar und Ismael. Gott sieht es gar nicht ein, sich gegen die beiden zu stellen, nur weil sie in seinem ursprünglichen Plan nicht vorgekommen waren. Er macht ihnen keine Vorwürfe – sie konnten doch nichts dafür. Nein, vielmehr stellt sich Gott zu ihnen, segnet sie und verspricht mit Ismael große Geschichte zu schreiben! In seiner Gnade schafft es Gott hier und immer wieder, auf krummen Linien gerade zu schreiben! Auch wenn er mit Abram noch nicht fertig ist. Auch wenn er das, was er mit ihm begonnen hat, zu einem guten Ende führen will. Er hat seinen ursprünglichen Plan mit Abram noch nicht verworfen. Wenn dieser doch nur endlich wieder mal zurückfinden würde zu seinem Gottvertrauen. Wenn der doch nur endlich mal seine Krise mit Gott begraben könnte, seinen Unglauben bereuen würde und wieder auf Kurs käme.

Aber Abram schweigt sich aus. Und wer ist es, der nach dreizehn Jahren den ersten Schritt macht? Der sich nach dreizehn langen Jahren denkt, jetzt ist es genug mit der Krise? Wer setzt den wesentlichen Impuls, damit der Glaube des Abrams wiederbelebt wird und er zu seiner Berufung zurückfindet? Es ist Gott, der in Kapitel 17 das erste Wort ergreift und das Gespräch mit Abram sucht: Ich bin der allmächtige Gott – nicht irgendwer. „Wandle vor mir und sei ohne Tadel". Gott bestätigt sein „Ja" zu Abram. Er erneuert seinen Bund mit ihm. Er fängt mit ihm neu an, als sei nie etwas gewesen. Er tadelt ihn nicht, er adelt ihn! Gott erneuert seine Zusagen, als ob er sagen will: Zurück zur Tagesordnung. Ist irgendwas gewesen? Ach so – du machst dir Gedanken über Ismael? Lass das mal meine Sorge sein, um den kümmere ich mich. Kümmere du dich um die Geschichte, die ich mit dir begonnen habe ...! Das haut Abram um. Er fällt regelrecht vor Gott auf sein Angesicht. Im Orient die ultimative Geste der Ergebung und Hingabe.

Gott belebt den Glauben des Abram neu, indem er ihm deutlich macht, dass sich von seiner Seite nichts geändert hat: er hat nach wie vor dieselbe Absicht mit Abram, dieselbe Verheißung für ihn und dieselbe Allmacht, diese durchzusetzen. Davon lebt der Glaube – dass er mit Gott anfängt und dass er mit Gott immer wieder neu anfängt. Jesus ist der Anfänger und der Vollender unseres Glaubens – weil er eben auch der Neuanfänger unseres Glaubens ist, wenn dieser mal in Krise gerät!

Tja, und da sind sie nun, unser „Vater von Vielen" und seine „Edelfrau von Ansehen", wie sie inzwischen heißen, denn Gott hatte ihnen neue Namen gegeben: Abraham und Sara! Gott ist noch lange nicht fertig mit ihnen, vielmehr hat er gerade erst neu mit ihnen angefangen. Gott gibt ihnen neue Namen und führt den Bund der Beschneidung ein. Alles in Kapitel 17. Und dann kommt Gott zu folgender Aussage: „Ich will deine Frau Sara segnen und dir auch von ihr einen Sohn geben; Völker sollen aus ihr werden und Könige über viel Völker!" Ergo: Ihr werdet euren Namen alle Ehre machen! Aus Gottes Perspektive also eine „gemahte Wiesn", beschlossene Sache! Allerdings hat das Ganze auch noch ein paar klitzekleine menschliche Aspekte: Sara ist inzwischen neunzig Jahre alt – „es erging ihr nicht mehr nach der Frauen Weise", so der anständige Hinweis auf ihre abgelaufene biologische Uhr. Und der gute Abraham ist mit seinen hundert Lenzen auch nicht mehr der Jüngste. Um seine Potenz ist es sicher auch nicht mehr so top bestellt. Da mag man dem Abraham nun wirklich nicht verübeln, dass er entsprechend reagiert. Ein herrlicher kleiner Hinweis in 17,17: „Da fiel Abraham auf sein Angesicht und lachte ...!" Der hebräische Ausdruck beinhaltet auch, dass sich das Lachen mit etwas Spott oder Ironie verbindet. Nach dem Motto: Mein lieber Gott, jetzt machst du aber wirklich Witze. Du machst dich gerade mächtig lächerlich. Kein Wunder, dass die Menschen glauben, du bist vom Mond oder sonst wo her, aber jedenfalls nicht von dieser Welt. Darf ich dich aufklären, dass dieser Zug schlichtweg abgefahren ist? Darf ich dir ein wenig Nachhilfeunterricht in Biologie anbieten? Abraham lacht, und wir können es ihm nicht mal wirklich verübeln. Dieses Lachen ist uns irgendwie sehr vertraut.

Aber dem gegenüber steht Gott, der sich weder aus der Ruhe noch aus dem Konzept bringen lässt. In aller Sachlichkeit bestätigt er, was er immer schon gesagt hatte: Du wirst von deiner Frau Sara einen Sohn bekommen und ich habe auch schon einen guten Namen für ihn – Isaak! Und jetzt ist es Gott, der einen wunderschönen Sinn für Humor beweist. Denn der Name „Isaak" entstammt demselben Wortstamm, der gerade noch verwendet wurde, um zu sagen, dass Abraham „lachte". Du hast gelacht? Dein Sohn soll heißen „Sohn des Lachens". Mal sehen, wer zuletzt lacht! Herrlich, dieser Sinn für Humor, den Gott beweist. Und wie liebevoll sich sein Humor mit seiner Gnade verbindet. Er macht Abraham keinen Vorwurf, er weiß sehr wohl, dass sein göttliches Handeln alle menschlichen Dimensionen sprengt. Vielmehr ermutigt er Abraham, dranzubleiben und sich von Gott überraschen und überzeugen zu lassen.

Und dann gehen beide wieder ihres Weges. Zunächst sehen wir Abraham bei einem handfesten Schritt, der Hoffnung macht: Gott hatte gesagt, er solle alles, was männlich ist, beschneiden, als Zeichen der Zugehörigkeit zu Gott. Das tut Abraham inzwischen und beweist damit, dass er durchaus auf Gott gehört hat und ihm bestmöglich gehorchen will. Auch wenn es weh tut. Was er aber offenbar nicht tut ist, mit seiner lieben Frau über die Verheißung Gottes zu reden. Und irgendwie stelle ich es mir auch schwer vor, der betagten Sara zu vermitteln: Du, wir sollten wieder mal miteinander… na, du weißt schon! Denn offenbar haben die Zwei es mit der körperlichen Liebe nicht mehr so gepflegt. Keine leichte Aufgabe für einen Hundertjährigen, seine neunzigjährige Frau zu überzeugen, es mit dem Nachwuchs nochmal zu versuchen!

Und wieder kommt ihm Gott dabei zur Hilfe. Als Abraham gerade vor seinem Zelt sitzt – vielleicht braucht er mal 'ne Pause, vielleicht grübelt er gerade, wie er es seiner Frau am besten sagen soll… da kommen drei Männer auf Besuch. Es scheint, dass Gott als verborgene Dreieinigkeit vorbei schaut. Abraham erkennt ihn nicht gleich, erst später beim Essen dann, als Gott seine Verheißung erneuert und ihm sagt: Nächstes Jahr um diese Zeit habt ihr einen Sohn! Sara steht währenddessen innen im Zelt verborgen und lauscht dem Gespräch. Ob sie Lunte gerochen hatte und merkte, dass hier etwas im Busch sei? Ob es eine übliche Geste und Praxis der Frauen war, so dem Gespräch der Männer zu folgen? Und ob Gott das vielleicht gar mit einkalkuliert hatte und extra laut gesprochen hat, nur damit Sara die Botschaft auch mitkriegt, wenn Abraham schon nicht den Mut hat, es ihr selbst zu sagen? Das wissen wir nicht, aber Gott kriegt jedenfalls mit, wie Sara reagiert. Er bemerkt, dass sie genauso reagiert, wie Abraham das kurz zuvor noch getan hatte. Sie lacht in sich hinein und sagt: „Jetzt wo ich so alt bin, soll ich noch die Liebe pflegen"? Und mein alter Herr ist auch nicht mehr wirklich in der Lage. Sara lacht genauso, wie Abraham gelacht hatte! Das ist vielleicht die natürlichste Reaktion, wenn geschieht, was hier geschieht: Eine Unmöglichkeit aus menschlicher Perspektive trifft auf eine Möglichkeit aus Gottes Perspektive. Und bei allem guten Willen zum Glauben und Vertrauen – hier verlässt der Glaube jeglichen menschlichen Boden, jede Kontrolle, jede Garantie. Der Glaube sieht sich mit der Frage konfrontiert, die Gott hier stellt (18,14): „Sollte etwas unmöglich sein für Gott?"

Und jetzt endlich ist die Zeit gekommen, auf die sie lange gewartet haben. Zunächst zehn Jahre, sehr frisch und hoffnungsvoll. Dann vierzehn Jahre, eher niedergeschlagen und ziemlich hoffnungslos. Jetzt, wo wirklich alle Hoffnung begraben scheint und alle menschlichen Züge abgefahren sind, jetzt erst macht Gott wahr, was er versprochen hatte. Und tatsächlich: Irgendwie gelingt es Sara und Abraham, sich noch einmal aufzuraffen und sich auf den Versuch einzulassen. Mit dem Ergebnis, dass die alte Dame guter Hoffnung wird, eine Schwangerschaft durchlebt und schließlich einen gesunden Jungen zur Welt bringt! Das wird ganz nüchtern berichtet in Kapitel 21,1–5 – so als ob es das Normalste der Welt sei, in einem Ton der göttlichen Selbstverständlichkeit! Aus menschlicher Sicht der absolute Knaller! Das war nun wirklich nicht von dieser Welt, das war absolut gegen alles, was man normalerweise zu erwarten hat. Und es muss schon echt ein verrücktes Bild gewesen sein: die neunzigjährige Sara mit Babybauch im Schwangerschaftsgymnastikkurs, später der hundertjährige Papa, der sein Neugeborenes spazieren fährt. Lächerlich oder zumindest schräg genug, um viele Zeitgenossen zu amüsieren. Entsprechend dann auch Saras Kommentar (21,6–7).

Isaak also – ein Lacher gewinnt Gestalt und wird Geschichte! Und Gott schaut amüsiert zu, schmunzelt liebevoll und sagte leise vor sich hin: Wer zuletzt lacht, lacht am besten!

War das eine schwere Geburt! Eine wirklich schwere, langwierige Geburt des Glaubens. Ein Werdegang zwischen Zweifeln, Glauben und Genießen!

Abraham, Sara und Isaak treffen wir viel später wieder – in Hebräer 11, auf der Tribüne der Glaubensarena (hier greifen wir kurz dem vorweg, wo wir im nächsten Teil über Abraham beginnen). Es ist, als ob sie uns zuschauen und uns auf unserem eigenen Glaubenslauf anfeuern. So das Bild, das hier vor unseren Augen gezeichnet wird. In meiner Vorstellung höre ich Abraham rufen: Hey, das Spiel haben wir auch hinter uns. Zugegeben, nicht immer einfach.

Wie oft wollten wir aufgeben. Wie oft habe ich verzweifelt zu Gott gesagt: „Ich glaube, aber hilf meinem Unglauben". Ihr wundert euch vielleicht, warum bei dem, was in Hebräer 11 über uns geschrieben steht, nur der große Glaube erwähnt wird, nicht wahr? Kein Wort über unsere Zweifel, kein Wort darüber, dass das Ganze vierundzwanzig Jahre gedauert hat und wir regelrecht an Gott verzweifelt sind: „Durch den Glauben empfing Sara, die unfruchtbar war, Kraft um Nachkommen hervorzubringen trotz ihres Alters; denn sie hielt den für treu, der es verheißen hatte. Darum sind auch von dem Einen (Abraham), so viele gezeugt worden wie die Sterne des Himmels und wie der Sand am Ufer des Meeres, der unzählbar ist" (Hebr. 11,11–12).

Das letzte Wort über allem hat der Glaube. Gott verliert kein Wort über unsere schwachen Momente. Warum? Ist das Schönfärberei? Nein – am Ende zählt, wie Gott unseren Weg und unser Leben deutet. Wenn die Bibel hier rückblickend nicht den Unglauben der beiden erwähnt, nicht ihren Ungehorsam, nicht ihre Schuld – dann aus demselben Grund, aus dem wir erwarten dürfen, dass eines Tages auch Gott zu uns sagt: Gut gemacht! Dein Glaube hat dir geholfen! Gott hat den Glauben des Abrahams als Gerechtigkeit gerechnet – und das zählte am Ende mehr als alle schwachen Momente unterwegs. Das letzte Urteil über unseren Glauben und Unglauben spricht Gott. Und das ist gut so!

Gott ist mitunter realistischer als wir: Den Glauben gibt es offenbar nicht ohne Unglauben. Gott weiß, dass unser Glaube wachsen muss und die Eigenart hat, sich erst langsam aus dem Zweifel und dem Unglauben heraus zu schälen. Abraham und Sara waren ganz normale Menschen, die mit allem Hin und Her gelernt haben, was Glauben bedeutet und dass Gott nicht nur treu ist, dass er nicht nur zuverlässig und mächtig ist, sondern auch unendlich viel größer und unendlich viel gütiger, als wir es je verstehen können. Aber das will prozesshaft gelernt werden, Glaube will wachsen. Und es lohnt sich, dran zu bleiben! Wir lernen durch unsere Fehler. Wir lernen mit unseren Erfahrungen, die wir mit Gott machen. Wir lernen mit jedem Schritt, den wir im Glauben wagen!

In diesem Sinne möge unser Leben eine Geschichte werden, in der allen Zweifeln und Nöten zum Trotz, der Glaube Trumpf ist und die Gnade das letzte Wort hat.

Herkunft & Zukunft

Abraham (2): Makeup und Merkmale des Glaubens

INDEM WIR HIER DIE GESCHICHTE von Abraham noch einmal aufgreifen, findet auch unsere Beschäftigung mit dem Glauben eine ergänzende Fortsetzung.

Glaube funktioniert anders als das Gesetz des Alten Bundes: Das Gesetz fordert den Menschen mit allem was er zu bieten hat heraus und bringt zum Vorschein, dass da nicht viel zu holen ist. Der Glaube hingegen fordert Gott heraus mit allem, was Er zu bieten hat und bringt zum Vorschein, dass bei ihm unendlich viel zu holen ist. Glaube ist also der radikale Fokus auf Gott; die Haltung, die alles von Ihm erwartet und sich ganz von ihm abhängig macht. Um das zu illustrieren, erinnert das elfte Kapitel des Hebräerbriefes an Personen aus dem Alten Testament, die uns in Sachen Glauben echte Vorbilder sind. Eigentlich malt uns diese „Galerie der Glaubensvorbilder“ bzw. „Hall of Faith“ in Hebräer 11 das Bild eines Stadions vor Augen, in dem die verschiedenen Personen (als „Wolke von Zeugen“ benannt) wie Zuschauer auf den Tribünen sitzen und uns anfeuern, während wir aktiven Glaubenssport betreiben. Da erkennen wir viele Bekannte, auch manche Unbekannte. Da sitzen vermeintliche Verlierer und echte Gewinner, da sitzen Leute, die große Momente erlebt haben und andere die durch sehr tiefe Krisen mussten. Was sie aber alle auszeichnet und verbindet, ist ihr Glaube. Allerdings produziert der Glaube keine Menschen von der Stange, er schaltet uns nicht gleich. Jeder Mensch aus Fleisch und Blut hat seine ureigene Geschichte, Lebensgeschichte, Glaubensgeschichte …! Besonders viel Raum, nach Abel, Henoch und Noah, wird Vater Abraham zugemessen – von dem wir im ersten Teil unserer „Fortsetzungsgeschichte“ schon gehört und gelernt haben. Heute wagen wir aus dem Neuen Testament heraus noch einmal einen Weg zurück an seine Anfänge und lernen, wie der Glaube uns von der Herkunft zur Zukunft führt.

„Abraham“ bedeutet, wir erinnern uns: „Vater von vielen“. Und das ist er wirklich – eine regelrechte Vaterfigur in Sachen Glauben. Vom ihm leitet sich Glaube ab, so wie ihn die Bibel meint! Aber das Glaubenskapitel in Hebräer 11 bleibt dort nicht stehen, sondern stellt klar, dass sich der Name und der Glaube untrennbar mit einem anderen Namen verbindet: Jesus Christus! Das Fazit all dessen, was Kapitel 11 zu sagen hatte, lautet deshalb dann in Kapitel 12,3: „Lasst uns aufsehen zu Jesus, dem Anfänger und Vollender unseres Glaubens!“ Wir schließen daraus: Alles, was über Glauben zu sagen ist, hat mit Jesus zu tun. Alles, was uns Abraham zu sagen hat, führt uns zu Jesus. Nicht umsonst beginnt das Neue Testament schon im allerersten Satz damit, dass es uns Jesus als Sohn Abrahams vorstellt. Wer Abraham hört und versteht, der landet bei Jesus. Paulus sagt deshalb in Galater 3,29: „Gehört ihr zu Christus, so seid ihr Abrahams Kinder!“ Unser Glaube ist zuallererst und zutiefst ein Jesus-Glaube. Mit ihm beginnt alles, mit ihm kommt alles zum Abschluss. Er ist der Anfänger und der Vollender unseres Glaubens. Und was er mit uns tut, das lässt er uns an Abraham sehen und lernen! Da gibt es dieses altbewährte Kinderlied, in dem es heißt: „Lass mich an dich glauben, wie Abraham es tat …!“ Unser Gebet darf lauten: Herr, lass mich von Abraham lernen und lass mich an dich glauben wie er.

„Durch den Glauben wurde Abraham gehorsam, als er berufen wurde, in ein Land zu ziehen, das er erben sollte; und er zog aus und wusste nicht, wohin er käme. Durch den Glauben ist er ein Fremdling gewesen in dem verheißenen Land wie in einem fremden und wohnte in Zelten mit Isaak und Jakob, den Miterben derselben Verheißung. Denn er wartete auf die Stadt, die einen festen Grund hat, deren Baumeister und Schöpfer Gott ist" (Hebr. 11,8–10). Drei Verse, in denen wir drei Merkmale des Glaubens entdecken:

Abraham glaubte und wagte den Schritt des Gehorsams (V. 8)

Abrahams Glaube beginnt mit Gott. Der beruft ihn und spricht ihm ein Erbland zu. Aber dazu musste Gott den Abraham erst einmal finden. Und er fand ihn „jenseits des Euphrat-Stroms, wo er mit seiner Familie anderen Göttern diente." (Jos. 24,2) Gott fand ihn, *nahm und führte ihn* (Jos. 24,3). Der Glaube Abrahams beginnt mit dem Gott Abrahams, der ihn fand, als er noch anderen Göttern diente und vom wahren Gott nichts wusste!

Gott war für Abraham der große Unbekannte. Der so ganz andere Gott. Doch irgendwie hat Gott begonnen, sich ihm mitzuteilen; es wird nicht gesagt wie, aber sein Reden erreicht Abraham und bewegt ihn! Wir wissen nicht, was Abraham über Gott wusste. Aber es konnte nicht viel gewesen sein. Er würde ihn erst unterwegs kennenlernen. So war das auch von Gott gedacht. Und so ist das im Glauben – wir lernen erst im Unterwegsein viele Wahrheiten über den Gott, dem wir folgen. Aber wichtig ist, dass wir zu Anfang genug wissen, um uns rufen und locken zu lassen. Das ist bei Abraham gelungen. Irgendwie, irgendwann! Abraham wusste nicht viel über Gott, aber er handelte nach dem, was er wusste. Das macht den Glauben aus!

Abraham tat, was er für richtig erkannte. Er tat, was Gott sagte. Aus dem Hören wird Gehorchen; beides übrigens im Hebräischen ein und dasselbe Wort. Erst wer gehorcht, hat wirklich gehört. Oder wie Dietrich Bonhoeffer es sagte: „Nur der Gehorsame glaubt wirklich!" Abraham gehorcht; das heißt, er nimmt Gottes Reden ernst und macht es zum Maßstab für sein Handeln. Er lässt sich auf Gott ein und lässt sich von ihm herausfordern. Herausfordern aus den wohlvertrauten Dimensionen des wohlvertrauten Landes, des wohlvertrauten Volkes und der wohlvertrauten Familie. Denn so sagt es Gott zu ihm: „Geh hinaus aus deinem Land, deinem Volk und deines Vaters Haus!“ Heraus aus der Komfortzone der Selbstbestimmung, der vermeintlichen Sicherheit und der Vertrautheit. Herausforderung auch als Risiko. Es gibt keine Garantien – vor allem nicht auf Bequemlichkeit. Dietrich Bonhoeffer ging den Weg des Gehorsams ebenso als jemand, der zunehmend um das Risiko wusste, das sich mit seinem Glauben verband. Aber er ging weiter, auch als es bedeutete, mit knapp vierzig Jahren als Opfer des nationalsozialistischen Terrors zu sterben. Als Abraham aufbrach, musste vieles sterben – bisherige vermeintliche Sicherheiten, Liebgewordenes und Vertrautes. Nicht immer lautet die Botschaft Gottes an uns: Verlass dein Land, verlass deine Familie. Aber im Grund hat Jesus ähnliches gepredigt: Wer nicht verlässt… der kann nicht mein Jünger sein. Es geht darum, das zurückzulassen, was mich an der Nachfolge und am Weg des Glaubens hindert. Ich gehöre einer neuen Zukunft, ich gehöre einem neuen Herrn. Ich gehöre Gott und deshalb gehorche ich dem, was ich ihn reden höre.

„Er zog aus und wusste nicht, wo er hinkäme …“ (V. 8)

Ein Ausdruck von großem Vertrauen. Wenn wir auf Reisen gehen, wollen wir vorher wissen, wohin es geht. Ich stelle mir vor, ich sage meiner Familie: Wir fahren auf Urlaub, aber ich sage euch nicht, wohin … – die würden sich mächtig beschweren oder gleich zu Hause bleiben! Ein positives Gegenbeispiel aus unserer Familie: Wir sind mit unseren ersten beiden Kindern auf Urlaub gefahren, als sie noch sehr klein waren. Abends stiegen wir in unseren Ford ein, haben 25 Stunden drin gesessen, gegessen, geschlafen – eine ziemliche Herausforderung! Die Mädchen haben sich aber nie beschwert. Warum? Weil sie wussten: Papa und Mama sind da, die kennen sich aus und sorgen für uns. „Wenn ihr nicht werdet wie die Kinder“, sagt Jesus. Glauben ist eine Kleinkindkompetenz!

Zurück zu Abraham: Seine Sicherheit lag in dem Gott, der mit ihm sprach und der mit ihm unterwegs war. Er hatte genug von diesem Gott gesehen und gehört, dass er wusste: dem kann und will ich vertrauen. Der Weg des Glaubens gestaltet sich grundsätzlich als Weg ins Unbekannte – alles was der Glaube braucht, ist die Gewissheit, dass Gott sich auskennt. „Ich weiß, du weißt!" Das muss nicht immer ein Weg aus dem Land sein – es kann im Gegenteil auch bedeuten, im Land zu bleiben, wenn vieles dafür spricht, es zu verlassen. Ob es nun heißt, „Zieh aus" oder „Bleib" – immer geht es darum, sich von Gott herausfordern zu lassen und auf sein Wort hin Neues zu wagen!

Abraham glaubte und war Gast im Land der Verheißung (V. 9)

Es war das eine, Gott in ein neues, unbekanntes Land zu folgen. Es war etwas anderes, dort zu leben, nachdem er einmal angekommen war. Ja, Abraham (eigentlich zu der Zeit noch „Abram") war drin. Dieses Land war ihm als Erbe zugesagt worden. Hier würden seine Nachkommen einmal leben. Hier würde Gott mit ihm Geschichte schreiben. Aber aktuell lebten drum herum noch viele andere Bewohner des Landes. Die hatten sich gemütlich eingerichtet, hatten Häuser und Städte gebaut. Die dienten hier ihren heidnischen Göttern. Die nahmen das Land für sich und ihre Kinder in Anspruch.

Und Abraham? Er richtete sich mittendrin ein *Mobile Home* ein. Er baute sein Zelt auf, kein Haus. Er richtete sich ein Lager ein, keine Stadt. Er baute seinem Gott Altäre, um mit ihm in Verbindung zu bleiben. An allen Orten, an die er kam, errichtete er solche Gebetsstätten und brachte damit zum Ausdruck, dass er mit Gott redete und rechnete. Und dass er nicht vergessen hatte, was Gott ihm zugesagt hatte. Er lebte von den Verheißungen – auch wenn diese noch nicht vollständig zu Erfüllung gekommen waren. Noch gab es keine Nachkommen, die hier mal ansässig werden könnten.

Diese „Jetzt-schon-und-doch-noch-nicht"-Dimension unseres Glaubens kennen wir auch. Wir sind schon erlöst, aber wie wird es erst sein, wenn wir ganz erlöst sind. Wir sind schon heilig, aber wie wird es erst sein, wenn wir wirklich jeden Einfluss des Bösen und der Sünde los sind? Wir sind jetzt schon Erben des Himmels, aber noch sind wir mit beiden Beinen auf der Erde. Jesus ist schon gekommen und hat Erlösung geschaffen – aber wie wird es sein, wenn er wiederkommen wird und die Erlösung endgültig vollenden wird! Der Glaube ist ein „Jetzt-schon-und-doch-noch-nicht"-Glaube! Bei Abraham drückte er sich darin aus, dass er in dieser Situation aushielt und sich nicht irre machen ließ. Er vertraute auf Gott und lernte, auf seine Zeit zu warten. Er richtete sich nicht bequem ein, wo er nur ein Pilgerdasein führen sollte. Er lebte als Fremdling und Gast im Land der Verheißung. Da wird der Glaube oft besonders herausgefordert. Wenn die Umstände um uns herum kaum glauben lassen, dass die Verheißungen Gottes sich tatsächlich einmal durchsetzen werden. Wenn unser Dasein als Christen oft so kläglich erscheint neben den vielen Selbstverständlichkeiten und der Gottvergessenheit der Welt. Die Versuchung liegt dann oft nahe, sich anzupassen. Sich ebenso niederzulassen, sich in dieser Welt einzurichten, als würde sie für immer bestehen. Abraham macht uns Mut: Bleibt unterwegs und abrufbar! Richtet euch nicht ein, baut euch keine Häuser, macht euch nicht sesshaft – bleibt beweglich für das, was Gott noch mit euch vorhat. Christsein ist Pilgerschaft in der Fremde – unterwegs und doch daheim!

Abraham glaubte und wartete mit Gewissheit auf das Ziel Gottes (V. 10)

Abraham wartete nicht um des Wartens willen. Er hielt die Vision wach, die Gott ihm ins Herz gepflanzt hatte: Eines Tages würde es eine Stadt geben, von Gott erbaut. Er wartete lieber auf das Haus, das Gott ihm bauen würde, als dass er selbst zum Baumeister wurde. Abraham lebte vom Ziel her – von dem Wissen und der Gewissheit, dass Gott alles zu einem guten und soliden Abschluss bringen würde. Der Glaube des Abrahams war zukunftsfähig; er lebte ganz und gar von der Gewissheit her, dass Gott das, was er angefangen hatte, auch vollenden würde!

Und dabei drängt alles bei Abraham auf Christus hin. Jesus selbst sagt später einmal: „Abraham sehnte sich danach, meinen Tag zu sehen (Joh. 8,5+6). Die ganze Sehnsucht des Abraham mündet bei Jesus. Das wusste Abraham damals noch nicht, aber wir wissen es im Rückblick. Mit Jesus kommt alles zur Erfüllung, was sich Abraham ersehnt hat. Deshalb dann auch die Aufforderung in Hebr. 12,3: „Lasst uns aufsehen zu Jesus, dem Anfänger und Vollender unseres Glaubens". In Jesus finden unsere Herkunft und unsere Zukunft ihren zentralen Fokus. Er ist nicht nur der Anfänger, sondern auch der Vollender – mitten in der Vorläufigkeit unseres Lebens und in dem „Jetzt-schon-und-doch-noch-nicht" unseres Glaubens. Deshalb macht sich unser Glaube nicht an Abraham fest, sondern an Jesus. Egal, wo wir stehen. Mit Jesus fängt unser Glaube an, so klein und bescheiden er auch sein mag. Es ist Jesus, der uns in seine Nachfolge ruft und uns herausfordert aus dem, was uns festhalten möchte. Es ist Jesus, der Mut macht für klare Verhältnisse und wenn es sein muss auch für klare Brüche. Wenn wir uns im Glauben auf das Abenteuer der Nachfolge einlassen und Jesus folgen, dann erleben wir aber auch, dass er uns nicht im Stich lässt. Wir machen Erfahrungen, die unseren Glauben bestärken und bestätigen. Wir kommen weiter, wir betreten neues Land, wir erweitern unsere Grenzen.

Und dann gilt es, bei jedem neuen Schritt unsere „Altäre" zu bauen, unseren Bezug zu Jesus aktiv zu pflegen; nichts für selbstverständlich zu nehmen und nicht Gottvergessen zu leben. Es gilt, in Jesus unser Zuhause und unsere Zugehörigkeit zu sehen. Es gilt, uns ihm anzuvertrauen und alles von ihm zu erwarten. Vielleicht ist das in den schweren Erfahrungen leichter als in den schönen Zeiten – denn wenn es uns gut geht, sind wir besonders in Gefahr, Jesus zu vergessen.

Und schließlich gilt es, nicht zukunftsvergessen zu leben. Als Christen haben wir Gewissheit über unser Ziel. Daran lässt auch das Neue Testament keinen Zweifel – Gott baut uns ein Haus und eine ewige Stadt. Noch sind wir nicht am Ziel, aber wir sind an Jesus dran, der sich uns als der Weg zum Ziel vorstellt. Deshalb gilt für unseren individuellen Lauf in der Glaubensarena: „Lasst uns aufsehen zu Jesus, dem Anfänger und Vollender unseres Glaubens“. Und lasst uns darum beten, dass Gott uns hilft, so zu glauben, wie Abraham es tat!

Folgen?!

Simon Petrus und seine folgen*schwere* Bekehrung in Etappen

IM SOMMER 1990 BEGEGNETE ICH einer wunderschönen, jungen Österreicherin. Zugegeben, ich brauchte einige Anläufe, um sie wirklich wahrzunehmen. Erst musste mich ein Freund aufmerksam machen, der ihre Vorzüge schon längst entdeckt hatte! Dann erlebte ich etwas Eigenartiges, was man vielleicht „Attraktion" oder „extrem reges Interesse" nennen müsste. Zunehmend wurde ich für sie gewonnen und von ihr überzeugt. Bis es dann allerdings zu der folgenschweren Entscheidung kam, eine verbindliche Weggemeinschaft als Eheleute einzugehen, verging einige Zeit. Gott sei Dank aber kam es dazu!

So oder so ähnlich würde es vielleicht auch Simon Petrus sagen, wenn er uns über sein Verhältnis zu Jesus berichten könnte. Ihn musste erst sein Bruder auf Jesus hinweisen, der ihm da voraus war. Dann kam die erste persönliche Begegnung, durchaus positiv! Bis es dann aber zu einer verbindlichen Weggemeinschaft kam, brauchte es zwei weitere Anläufe. Darum soll es hier gehen. Ausgehend von einem Text aus Lukas 5,1–11. Eine tolle Geschichte! Die gehört gehört, und zwar nochmal ganz langsam …

Jesus predigt und unzählige Menschen strömen herzu. Der hatte was zu sagen. Das musste man gehört haben. Das war so anders, so gut, so kraftvoll, so anziehend …! Wenn Jesus redet, dann sieht er aber nicht die Massen, sondern er sucht die einzelnen Menschen. Hier geht es ihm konkret um Simon Petrus, einen der Fischer am

See, wo Jesus zum Predigen unterwegs war. Fast wie zufällig kommt es zu einer ganz besonderen Bootsgemeinschaft (auf Englisch *„fellowship"*) zwischen den beiden. Ich glaube aber nicht, dass es Zufall war, sondern liebevolle und behutsame Absicht Jesu. So wie er es auch mit uns gern macht; Jesus meint auch heute nicht die Masse, sondern jeden von uns persönlich! Jedenfalls bittet er Simon um einen Gefallen: ob der ihn nicht mit seinem Boot ein Stück aufs Wasser fahren würde, damit Jesus von dort aus besser zu der wachsenden Menschenmenge sprechen konnte. Übrigens eine sehr clevere Methode, um für eine natürliche Beschallung zu sorgen. Jesus bittet den Simon also sozusagen um technischen Support! Und der Nebeneffekt (oder war es für Jesus gar der Haupteffekt?) ist, dass Simon die ganze Predigt mit anhören musste. Ob er wollte oder nicht.

Schon so manche Techniker bei Gottesdiensten oder christlichen Veranstaltungen sind auf diese Weise zum Glauben gekommen. Ich denke an den Busfahrer, der jahrelang dieselbe Jugendgruppe zu Freizeiten gefahren hatte und sich vor Ort untermischte wie einer von ihnen. Mit dem Effekt, dass er selbst das Evangelium hörte und von Jesus angezogen wurde. Oder an den Bericht von Missionaren aus dem Kaukasus, die für ihren Kinderchor eine junge Musikerin als Chorleiterin gewannen. Sie war zwar offen, aber nicht gläubig. Unzählige Konzerte lang hörte sie die Botschaft durch die Lieder, die sie selbst dirigierte, hörte die Zeugnisse und Predigten… bis es endlich Klick machte!

Ähnlich auch hier bei Petrus, der Jesus technischen Support gewährt und dadurch unter dem Wort Gottes zu sitzen kommt. Und dann ist endlich die Predigt vorbei und Jesus sucht nach einer passenden Anschauungsmöglichkeit. Ist schon toll, wie er seine Zuhörer selten ohne Praxisanwendung beließ. In diesem Fall wendet er sich im Boot stehend dem Simon zu und fordert ihn zu einer verrückten Aktion heraus. Er solle doch bitte mit seinem Kutter auf den See hinausfahren und die Netze auswerfen. Nun, für Romantiker, die keine Ahnung vom Fischen haben, mag das ganz toll klingen. Aber Simon war vom Fach und für ihn war das absolut gegen alle Regeln: Mein lieber Jesus, beim Fischen kenne ich mich aus. Okay, du bist ein guter Prediger, das gebe ich zu. Aber würdest du bitte bei dem bleiben, wo du dich auskennst und mir überlassen, wo ich mich auskenne? Hallo? Ich bin Fischer, ich esse Fisch, ich rieche nach Fisch, ich bin ganz Fisch … bitte funk mir nicht in mein Handwerk rein. Außerdem macht man so etwas nicht am Tag, sondern des Nachts. Zugegeben, ich habe heute Nacht kaum etwas gefangen, aber glaub mir – tagsüber ist da überhaupt nichts zu holen. Und außerdem – schau dich doch mal um. Bei all den Zuschauern kann das eine Riesenblamage werden. Natürlich – wenn das nun doch gelingen sollte, könnte es durchaus meinen Umsatz steigern …! Wie auch immer, man ahnt, was in Petrus vor sich geht. Hier lesen wir, dass er sich schließlich durchringt, Jesus beim Wort zu nehmen. Mit einem erschreckenden positiven Ergebnis. Ein Schock des Staunens – schlichtweg ein Wahnsinn! Die Boote und Netze konnten die Menge an Fischen schier nicht fassen. Jesus sprengt alle Vorstellungen, alle Kategorien, in denen Petrus gewohnt war zu denken und zu handeln. Was Petrus hier erlebt, erschüttert ihn zutiefst. Petrus ist erschrocken, wie klein er über Jesus gedacht hatte. Wie wenig er von ihm erwartet hatte. Als wie harmlos er ihn eingeschätzt hatte. Petrus ist zutiefst erschüttert – über Jesus und über sich selbst. Bis dahin, dass er regelrecht kapituliert. Sich vor Jesus verneigt und damit seine allerhöchste Anerkennung ausdrückt Jesus gegenüber. Einhergehend mit einer tiefen Einsicht über sich selbst: „Geh weg von mir, denn ich bin ein sündiger Mensch!" (V. 8). Jesus, du bist zu gut für mich. Ich bin zu schlecht für dich! Jedenfalls passen wir beide schlichtweg nicht zusammen!

Und Jesus? Der schaut ihn liebevoll an, richtet ihn auf und sagt: Das ist doch mal 'ne gute Erkenntnis, eine sehr richtige Einsicht – und notwendig noch dazu! Aber anders als du denkst, ist dies nicht das Ende unserer Freundschaft, sondern erst der richtige Anfang. Du hast dich selbst und mich im richtigen Licht sehen gelernt – nun gehen wir weiter. Und so lesen wir (in Vers 11): „Sie (Simon Petrus und seine Fischerkollegen) verließen alles und folgten Jesus nach". Soweit so gut! Der folgenschwere Start in die verbindliche Weggemeinschaft mit Jesus! Das würde ungeahnte Folgen haben! Simon Petrus würde nicht mehr derselbe bleiben!

Was ich uns jedoch bisher verschwiegen habe ist, dass dies nicht die erste Begegnung zwischen Simon Petrus und Jesus war. Dies war erst der endgültige Durchbruch zu einer ganz eindeutigen Nachfolge. Begegnet waren sich die beiden jedoch schon früher – und das wollen wir uns anschauen, denn da stecken hilfreiche und ermutigende Entdeckungen für uns drin! Insgesamt wird uns von *drei Begegnungen zwischen Simon und Jesus* berichtet, die jeweils so klingen, als seien es die ersten und einzigen. Nur wenn wir die drei Evangelisten Johannes, Markus und Lukas gemeinsam und vergleichend lesen, bekommen wir das ganze Bild. Petrus hat mehrere Anläufe für seinen Weg mit Jesus – und das finde ich schon mal sehr ermutigend, denn Jesus weiß, dass nur die wenigsten absolute Senkrechtstarter im Glauben sind ... wir brauchen alle unsere Zeit und unsere Prozesse. Und Gott in seiner Gnade gibt uns unsere Chancen ...

Die erste Begegnung finden wir beim Evangelisten Johannes, Kapitel 1,37–42. Man weiß noch nichts von Simon Petrus. Bevor man ihm begegnet, trifft man auf seinen Bruder Andreas. Ein regelrechter Gottessucher, ein eher stiller, meditativer Typ. Der war schon mit Johannes dem Täufer unterwegs gewesen, der ihn dann an Jesus weitervermittelt hatte. Bei Jesus wusste Andreas endlich, dass er am Ziel war. Und kaum, dass er Jesus näher kennengelernt hatte, musste er unbedingt anderen davon berichten – als allererstes fiel ihm dabei sein Bruder Simon ein. Wer Jesus wirklich kennen lernt, der kann und will von ihm nicht schweigen!

Und so kam Simon zu Jesus. Wir lesen von einer sehr kurzen Begegnung. Ohne, dass er sich vorstellen muss, sagt ihm Jesus schon: „Ich kenne dich. Du bist Simon, der Sohn des Johannes"

(V. 42). Da ist jemand, dem muss ich mich gar nicht erst vorstellen. Und eigenartigerweise macht mir das keine Angst ...! Dann setzt Jesus noch einen drauf: „Du sollst Petrus heißen, ein echter Fels!"

Die erste Begegnung mit Jesus – wie bei so vielen Menschen. Jemand macht uns auf Jesus aufmerksam und wir lassen uns einladen. Und tatsächlich: Jesus fasziniert, zieht an. Zu Jesus darf ich so kommen wie ich bin! Er kennt mich, er heißt mich willkommen! Aber: Bei ihm muss ich auch nicht bleiben wie ich bin. Er sieht schon, was er aus mir machen will. Er gibt meinem Leben Zukunft und Sinn!

Mehr erfahren wir von Johannes nicht über diese erste Begegnung zwischen Jesus und Petrus. Wir vermuten einfach mal, dass Simon Petrus zunächst bei Jesus blieb und auch bei der Hochzeit zu Kana dabei war, von der unmittelbar darauf berichtet wird mit dem Hinweis, dass die Jünger Jesu ihn begleiteten. Aber Petrus bleibt zunächst namentlich unerwähnt ...

Und dann stoßen wir beim Evangelisten Markus, Kapitel 1,16–20 wieder auf ihn – *die zweite Begegnung!* Kurze technische Frage: Woher wissen wir, dass dies zeitlich später passierte? In Joh. 3,24 wird gesagt, dass Johannes der Täufer noch nicht ins Gefängnis geworfen war. In Mk. 1,14 aber lesen wir, dass Johannes kurz zuvor gefangengesetzt worden war. Und dann folgt die Geschichte, in der Jesus dem Simon begegnet. Offensichtlich zwei separate Geschichten.

Auch hier wieder ein sehr kurzer Bericht. Nach seiner ersten Begegnung mit Jesus war Simon offenbar wieder zurückgekehrt zu seinem Alltagsgeschäft. Das wollen wir gar nicht mal werten. Weil Jesus ihn bisher auch noch nicht aufgefordert hatte, mit ihm zu ziehen oder bei ihm zu bleiben. Jesus geht behutsam vor, gibt dem Petrus seine Zeit ... Nun läuft es andersherum als beim ersten Mal: Jetzt sucht Jesus den Petrus dort auf, wo der zuhause ist. Am See Genezareth. Dort, wo er lebt und arbeitet.

Es ist ein Unterschied, ob ich die Begegnung mit Jesus fernab von meinem Alltag erlebe, oder mittendrin; ob ich ab und zu mal meiner Faszination für Jesus Raum gebe und ihn aufsuche, oder ob ich ihn mit meinem echten Leben verbinde! Jesus sucht Petrus auf und fordert ihn heraus: Folge mir nach! Lass alles stehen und liegen und steige ein in die verbindliche Weggemeinschaft mit mir.

Für uns hört sich das überstürzt und unverständlich an. Aber wenn man sich mit dem jüdischen Umfeld damals beschäftigt, dann stellt man fest, dass in diesem Ruf eine große Würde lag und dass dieser abrupte Aufbruch zur Nachfolge durchaus ins Bild passt. Was Petrus hier von Jesus hört, war der übliche Ruf der Wander-Rabbis, die mit ihren Schülern durchs Land zogen. Sozusagen als mobile Unis. Wer sich für einen geistlichen Dienst ausbilden lassen wollte, folgte einem Rabbi. Nur, dass die Voraussetzungen, um überhaupt von einem Rabbi als Schüler akzeptiert zu werden, extrem schwierig waren. Es wurde bei weitem nicht jeder genommen. Noch dazu ging der Berufungsprozess üblicherweise nicht vom Rabbi aus, sondern vom Schüler, der sich um einen Platz beim hohen Gelehrten bewarb und einen Test bestehen musste. Es würde hier zu weit führen, die entsprechenden Gepflogenheiten näher auszuführen. Wie auch immer – erst wenn der Test bestanden war, würde der Rabbi die Zauberworte sagen: „Komm, und folge mir nach!" Was diese Berufungsgeschichte des Simon Petrus angeht, so ist Jesus zunächst einer von vielen Rabbis. Aber offensichtlich ein völlig anderer Rabbi als alle anderen. Er sucht sich keine Elite aus, er wartet nicht, bis sich die Besten bewerben, er legt ihnen keine schweren Tests vor – er kommt auf diesen Fischer zu und lädt ihn ein, sich in seiner Schule einzuschreiben! Was für eine Würde! So etwas auszuschlagen, wäre Dummheit. Das würde doch sicher auch sein Vater verstehen … und außerdem stand und fiel das Fischerei-Unternehmen daheim wahrscheinlich nicht mit Petrus – es gab sicher viele andere Mitarbeiter. Also ging er los und entschied sich, bei Jesus in die Lehre zu gehen, sich von Jesus für eine neue Berufung ausbilden zu lassen.

„Ich werde Menschenfischer!" Ich bin überzeugt, dass Simon nicht die leiseste Ahnung hatte, was Jesus damit wirklich meinte. Das merken wir dann auch im Laufe der weiteren Berichte. Aber irgendwie wusste Simon, dass es sich wohl lohnen müsste, diesem Jesus zu folgen. Der war so ganz anders, ganz offensichtlich ein guter Mensch, ein großer Lehrer … aber mehr?

Bis wir dann in Lukas 5,1–11 Zeugen der *dritten Begegnung zwischen Jesus und Simon Petrus* werden. Wie wir eingangs schon gesehen haben. Nach dieser Vorgeschichte ist man aber fast überrascht: Ach Simon – du hier am See? Wieder bei deinem Tagesgeschäft? Ich dachte, du bist unterwegs mit Jesus …? Ob er sich zwischendurch seinen Unterhalt verdienen musste? Kann sein. Oder ob er die Sache mit Jesus eher halbherzig angegangen war und sich noch nicht ganz sicher war, ob er das wirklich 100%ig wollte? Kann auch sein. Eins aber wird deutlich: Indem Lukas uns diese Geschichte so erzählt, will er deutlich machen: Erst hier beginnt für Petrus die konsequente Nachfolge. Erst hier bricht Petrus durch zu einer völligen Lebensübergabe an Jesus, zu einer waschechten Kapitulation. Bisher hatte er noch nicht wirklich verstanden, mit wem er es bei Jesus zu tun hatte. Bis jetzt hatte er auch über sich selbst offenbar noch viel zu gut gedacht. Er hatte noch gar nicht verstanden, wie sehr er Jesus wirklich nötig hatte. Und wie groß die Gnade war, dass Jesus ausgerechnet ihn berufen hatte! Wir können nie gut genug und nie groß genug von Jesus denken! Und irgendwann müssen wir alle zu diesem Punkt kommen, bei dem Petrus in Lukas 5 angekommen war – zur Erkenntnis unserer eigenen Sündhaftigkeit und Unwürdigkeit Jesus gegenüber. Sobald das geschieht, kann es mit der Nachfolge so richtig losgehen!

Ich bin sehr froh, dass ich meine Frau damals gut genug kennengelernt habe, um mich für einen verbindlichen Weg mit ihr zu entscheiden. Und dass sie mich damals noch nicht so gut kannte, wie sie mich heute kennt – denn sonst hätte sie es sich vielleicht nochmal überlegt ...! Jesus aber kennt uns alle durch und durch. Und trotzdem will er uns und will mit uns sein Leben teilen. Und gerade weil er uns kennt, weiß er auch, dass wir ihn absolut nötig haben. Ohne ihn sind wir verloren. Deshalb will er nicht nur, dass wir ihn immer besser kennen lernen und uns mit ihm verbindlich zusammentun, sondern er mutet uns auch zu, dass wir uns selbst immer mehr ins Herz schauen. Es ist doch so: Immer wieder mal so richtig ordentlich erschüttert zu werden über sich selbst, schadet uns nicht, so unangenehm es ist. Im Gegenteil – es lässt uns umso mehr verstehen, wie nötig wir Jesus haben!

Aus den Begegnungen mit Jesus wurde bei Simon Petrus eine verbindliche Weg- und Lebensgemeinschaft, die ihn immer mehr verändert hat. Etwas Besseres hätte ihm nie geschehen können. Und weniger sollten wir uns auch nicht leisten! Wo auch immer wir stehen in unserer Beziehung zu Jesus – er will uns dort nicht stehen lassen. Er will uns weiterführen. Sein Motto für uns lautet ebenso wie für Simon Petrus: „Du bist ... und du sollst sein!" Um das zu erleben, müssen wir uns auf Jesus einlassen, ihn beim Wort nehmen, ihm glauben und vertrauen. Aber das Abenteuer lohnt sich!

Leben Extrem

Elisa: Das Abenteuer Nachfolge lohnt sich!

FREUNDE VON UNS BETREIBEN EINE christliche Abenteuerschule. Der Name ist Programm: „Leben Extrem"! Das trifft es wirklich, ich hab's erlebt! Beim Canyoning sucht man sich möglichst wilde Bachläufe, denen man dann bergab – im Wasser rutschend oder springend – folgt. Oder man sucht eine Berghöhle auf – echte Dunkelheit erleben, sich nicht mehr wie gewohnt auf seinen Sehsinn oder Geruchssinn verlassen können. Lustig wird es, wo's eng wird. Man kriecht durch enge Schornsteine oder Gänge, die womöglich voller Schlamm sind. Anfangs gelingt es noch, sich halbwegs sauber zu halten – irgendwann gibt man auf. Wenn man aber schließlich zum Höhleneingang zurückkommt, erlebt man das Aroma der Bergluft und die Helligkeit des Sonnenlichts wie selten zuvor. Wirklich irre! Ganz extrem wird es beim Brückenschwingen, wo man sich freiwillig in einen tiefen Graben stürzt. Alles, was vor dem sicheren Tod bewahrt, ist ein Seil, das an einem Brückengeländer fixiert ist und an dem man mit einem Gurt befestigt ist. Das Ergebnis: zunächst etwa zehn Meter freier Fall, dann eine Mega-Schaukel! Ungewöhnlich bis extrem! Aber das Abenteuer hat was!

Abenteuer fordern heraus! Sie laden ein, die Komfortzone zu verlassen, eigene Grenzen zu erkennen und diese möglichst zu erweitern. Abenteuer haben die Eigenart, Mut zu fordern und keine vollständigen Sicherheiten zu bieten. Man kann zwar Risiken einschränken, aber sie nie ganz vermeiden. Umso erstaunlicher, wie beliebt diese Angebote sind! Und irgendwie verrückt – noch nie lebte man so abgesichert in alle Richtungen wie heute bei uns im

Westen. Gleichzeitig hat man noch nie so viel Geld ausgegeben, um sich künstliche Risiken zu verschaffen. Offenbar wollen viele Menschen ausbrechen aus den gewohnten Bahnen und dem geregelten, überaus abgesicherten Alltagstrott. Allerdings sollte man sich bewusst sein: Abenteuer sind lebensmüder Leichtsinn ohne jemanden, der sich auskennt. Wir zahlen viel Geld für unsere Bergführer; die leben davon, dass sie andere führen und quälen. Die kennen jede Schlucht, können das Wetter einschätzen, die Risiken und Gefahren abklären und jederzeit mit Rat und Tat zur Seite stehen. Das sind Profis!

Und damit kommen wir zur Nachfolge. Christus lädt uns ein, ihm zu folgen und uns von ihm zu ganz neuen Erfahrungen und Entdeckungen führen zu lassen. Er ist der Profi, er ist vorausgegangen. Ihm kann man sich guten Gewissens anvertrauen. Aber – und das hat Jesus immer klar gemacht – Nachfolge war nie als 08/15-Dasein gedacht. Es wurde von Anfang an als ein riskantes, lebensgefährliches Unternehmen beschrieben und fordert uns heraus. Nachfolge ist das reinste Abenteuer! Es ist eine Einladung zur totalen Grenzerfahrung. Der erste Schritt ist oftmals der schwerste und dann gibt es immer wieder einzelne Schritte, die uns als großes Wagnis erscheinen. Aber Nachfolge reißt uns auch aus einem langweiligen Trott im Glauben heraus. Wer meint, Glaube sei langweilig, hat von Nachfolge keine Ahnung. Natürlich hat Nachfolge ihren Preis – sie kostet uns alles! Aber sie gibt uns weit mehr zurück, als wir bezahlen müssen. Das Abenteuer lohnt sich!

Beim Propheten Elisa finden wir zu diesem Thema ideales Anschauungsmaterial. Was wir von ihm lesen, klingt nach „Leben Extrem“. Schon die Geschichte seiner Berufung, sozusagen als Auftakt zu einem wirklich abenteuerlichen Leben als Prophet, gibt viel her.

1. Kön. 19,19–21: Der Ruf zur Nachfolge!

Die erste Person, der wir hier begegnen, ist der Prophet Elia! Der Vorgänger Elisas! Es ist eine der ganz großen Figuren im Alten

Testament. Im neutestamentlichen Bericht der Evangelisten finden wir ihn mit Mose gemeinsam am Berg der Verklärung – im Gespräch mit Jesus. Und überhaupt ist Elia eine Art alttestamentliche Christus-Figur. Nicht umsonst wird der Messias später von den Juden als „Elias" erwartet. Hier wird beschrieben, wie Elia seinen Nachfolger beruft. Und Elisa übernimmt die Rolle des Jüngers. Die Berufung zur Nachfolge des Elias ist eine Einladung zu einem abenteuerlichen Leben. Es würde ihn herausreißen aus seinem bisherigen Alltagstrott, aus seinen bisherigen Träumen und Aufgaben. Als Nachfolger Elias warteten auf Elisa ungeahnte Gefahren, Grenzerfahrungen und Gegner. Gleichzeitig aber auch wunderbare Erfahrungen mit Gottes Kraft und Treue.

Wir machen in dieser kleinen Begebenheit sieben Beobachtungen, die uns Einiges zum Thema und Abenteuer „Nachfolge" vermitteln:

1. Elia findet Elisa mitten im Leben

Wir treffen Elisa hier bei der Feldarbeit, irgendwo nahe seines Heimatortes. Auf einem der vielen Felder, die seinen Eltern gehörten. Bei dem, was ihn offenbar alltäglich beschäftigt. Mitten in seiner Arbeitswelt! So wie Jesus später seine Jünger am See Genezareth beim Flicken ihrer Netze bzw. beim Fischen selbst findet, anspricht und zur Nachfolge beruft. Nur dass Elisa kein Fischer war sondern Landwirt. Es wird von zwölf Joch Rindern gesprochen. Man geht davon aus, dass Elisa aus einer wohlhabenden Familie kam. Zwölf Joch Rinder lassen nicht nur auf große Ländereien schließen, sondern auch auf eine ansehnliche Mitarbeiterschaft – jedes Joch musste von einer Person betreut werden. Elisa war offenbar nicht von schlechten Eltern – sein Vater schien angesehen zu sein, vielleicht lässt sein Name auf eine Leitungsposition in der Lokalpolitik schließen: „Er hat gerichtet!" Richter waren Führungspersonen. Obwohl Elisa aber offenbar aus einem wohlhabenden Umfeld kam, war er gewohnt zu arbeiten. Er ist mit den Angestellten auf dem Feld, legt selbst Hand mit an. Das ist sein Leben.

Die Heimatstadt trägt einen interessanten Namen: „Wiese des Tanzes“! Keine Ahnung warum – vielleicht hat es damit zu tun, dass sich um diesen Ort herum saftige und reiche Wiesen befanden, auf denen die Tiere im Frühjahr zu hüpfen begannen vor Freude. Das Wohlergehen der Wiesen führte zum Wohlergehen der Tiere – was wiederum zum Wohlergehen der Tierhalter führte …! Oder wird bei dem Namen an die Äcker gedacht, auf denen das goldene Getreide sanft im Frühlingswind tänzelt …? Wir wissen es nicht, können nur vermuten!

Hier jedenfalls trifft Elia auf seinen designierten Nachfolger! Mitten im Alltag, mitten in einer an sich sehr sinnvollen Beschäftigung. Elisa hatte sich im normalen Leben bewährt.

Die Arbeit mit seinen Rindern im elterlichen Betrieb war nicht zu verachten. Es war gut – aber offenbar nicht mehr richtig! Elisa hatte eine sinnvolle Beschäftigung. Aber es gab für ihn eine bessere Aufgabe. Hier trifft er auf eine neue Priorität. Er soll seine Hand an einen anderen Pflug legen. So wie Jesus die Jünger von ihren Fischernetzen wegrief, um sie zu Menschenfischern zu machen, wird der Landwirt vom Acker des Vaters auf den Acker Gottes berufen.

2. *Es ist Elia, der die Initiative ergreift, der seinen Nachfolger Elisa sucht und findet*

Wieder wie bei Jesus und seinen Jüngern. Er sucht sie auf am See Genezareth; er ergreift die Initiative. Später sagte er ihnen einmal: „Nicht ihr habt mich erwählt, sondern ich habe euch erwählt und bestimmt …!“ (Joh. 15,16). Darauf kommt es immer wieder an. Jüngerschaft und Nachfolge macht sich weder zuerst noch zuletzt an meiner eigenen Entscheidung fest, sondern an der Entscheidung Gottes für mich. Im Text eines altbekannten Evangeliums-Liedes heißt es: „Ich bin entschieden, zu folgen Jesus…!“ Hören wir, was das sagt? *Ich* habe *mich* bekehrt! *Ich* habe mich entschieden, Jesus zu folgen. Das ist jedoch nur die halbe Wahrheit und außerdem beginnt es damit nicht. Nachfolge beginnt immer mit Jesus und seiner Initiative; er macht den ersten Schritt. Meine Entscheidung kann immer nur eine Einwilligung sein in seine Entscheidung.

3. Elia beruft Elisa mit einer wortlosen, aber eindeutigen Geste

Ohne Worte legt Elia dem Elisa seinen Kamelhaarmantel um die Schultern. Was hatte diese wortlose Geste zu bedeuten? Wenn im Orient ein bedeutender Lehrer einen Nachfolger berief, legte er dem Schüler seiner Wahl seinen eigenen Mantel um, mit dem sich seine Autorität verband. Wir reden heute mitunter davon, in den Schuhen eines anderen zu gehen, hier sollte Elisa im Umhang des anderen stecken und gehen! Elisa empfängt sozusagen die Arbeitskleidung des Propheten und weiß offenbar sofort um die Bedeutung dieser Geste.

Auch Jesus spricht unsere Sprache, oft genug ohne Worte. Jesus kennt unsere Kultur und wird sich uns so mitteilen, dass wir ihn verstehen können – auch wenn die Gesten, die er wählt, für andere Menschen unverständlich bleiben mögen.

Zurück zu Elia und Elisa: Der Mantel steht für das Amt, die Kraft und den Geist des Propheten. Später dann erbittet und empfängt Elisa von Elia bei dessen Himmelfahrt dessen doppelten Anteil an geistlicher Vollmacht (2. Kön. 2,9–14). Nachfolge bedeutet, sich den Auftrag Jesu zu eigen zu machen und gleichzeitig aus derselben Kraft zu leben, wie er selbst – nämlich aus der Befähigung durch seinen Vater und den Heiligen Geist. Christus beruft uns nie zu Aufgaben, zu denen er uns nicht auch befähigt. Vielmehr hat er uns mit seinem Geist auch verheißen, dass wir seine Werke und sogar noch größere tun werden (Joh. 14,12).

4. Elisa lässt sich an die Dringlichkeit seines Auftrages erinnern

Elisa will sich zunächst noch von seiner Familie verabschieden, was verständlich ist – und Elia erlaubt es ihm. Allerdings lässt er den jungen Mann wie nebenbei die Dringlichkeit der Angelegenheit verstehen: „Bedenke, was ich dir getan habe“. Damit höre ich ihn sagen: Überlege mal, was du jetzt vorhast und erinnere dich, wozu ich dich gerade berufen habe. Du sollst mächtige Leute konfrontieren. Das kann gefährlich werden. Du machst dich womöglich unbeliebt und bringst deine Familie in Gefahr. Wenn du jetzt heimgehst, könnte dein Vater dir die Erlaubnis verweigern, zu gehen! Deine Familie könnte versuchen, dich zum Bleiben zu überreden! Und selbst wenn es besser läuft, dann wollen sie dir zumindest einen ordentlichen Abschied bereiten, und du weißt, wie zeitaufwändig das wird. Überleg dir bitte, dass deine Berufung eine hohe Dringlichkeit hat und eigentlich keinen Aufschub duldet!

Was auch immer Elia mit dieser Bemerkung sagen wollte, wir sehen, dass Elisa auf den Abschied daheim verzichtet. Denn Nachfolge meint immer „heute, hier und jetzt". Sie lässt sich nur im Augenblick leben, nie auf morgen verschieben. Nachfolge duldet keinen Aufschub, keine Verzögerung – sie ist zu dringlich! Nachfolge braucht auch keine Rücksprache mit der Welt. Wer zurückschaut und die falschen Leute fragt, baut sich damit nur unnötige Hindernisse in den Weg.

5. *Elisa macht einen radikalen Bruch*

Er opfert sein Joch Rinder. Interessanterweise nicht die der anderen Mitarbeiter, sondern nur sein eigenes Joch! Aber er opfert es und kappt damit alle Wege nach hinten. Er „vergisst, was dahinten ist"; so wie Paulus eine große Karriere aufgegeben hat und alles im Grunde für Nichts achtete – um Jesus zu folgen. So wie die Jünger ihre Netze verließen, um Jesus zu folgen. Elisa verlässt alle eigenen Sicherheiten, geht aufs volle Risiko.

Nachfolge ist der Ruf, die Komfortzone zu verlassen und Abenteuer zu wagen. Mit allen Risiken und Nebenwirkungen. Nachfolge bedeutet Opfer. Darüber spricht Jesus sehr klar: „Wer sein Leben verliert um meinetwillen, der wird es gewinnen" (Mt. 10,39)! Wir alle kennen Dinge, die uns binden und drohen, wichtiger für uns zu werden als Gott und seine Absichten! Selbst wenn es unsere christlichen Aktivitäten, gute Visionen und erfolgreiche Strategien sind. Wenn sie den Platz Gottes einnehmen und Jesus verdrängen, binden sie uns und gehören geopfert. Von Elisa lernen wir, dass Nachfolge eine bewusste Entscheidung bedeutet, die auch schmerzliche „Scheidungen", Trennungen und Loslösungen beinhalten kann!

6. Elisa nimmt Rücksicht auf andere und sorgt für sie

Wie schon oben erwähnt: Elisa schlachtet nur sein eigenes Joch Ochsen, nicht das der anderen. Er drängt anderen seine eigene Entscheidung nicht auf. Mit dem, was er schlachtet, versorgt er sogar noch seine Arbeitskollegen. Er denkt an andere, beweist große Rücksicht und Fürsorge. Was er für sich als richtig erkannt hat, überträgt er nicht auf seine Mitmenschen. Elisa sagt nicht, dass sie sich gefälligst ein Beispiel nehmen sollten an ihm. Er stellt ihr Bleiben nicht in Frage. Er ermutigt sie sogar.

Jüngerschaft soll möglichst nicht auf Kosten anderer Menschen gehen – sie ist vielmehr als ein Mittel zum Segen für Menschen gedacht. Nachfolge darf nicht bedeuten, dass wir Menschen in Not zurücklassen oder mit fromm-radikaler Manier über andere hinwegfahren. Und es ist weder sinnvoll noch angemessen, andere Menschen mit unsrer Entscheidung für Jesus unter Druck zu setzen und sie zu bedrängen, ebenfalls zu glauben! Das bewirkt für gewöhnlich das Gegenteil.

7. „Er macht sich auf, folgte Elia und diente ihm"

Der erste Schritt in die Nachfolge war getan – und damit wohl auch der schwerste! Dann folgten die nächsten Schritte, mit denen sich sein Dienst zunehmend entfaltete. Erst unterwegs stellte sich heraus, wie das Leben an der Seite Elias konkret aussehen würde. Nachfolge ist eine schrittweise Entdeckungsreise.

Elisa ging los, wagte den ersten Schritt und dann lesen wir davon, dass er Elia diente! Das ist wichtig, denn Nachfolge stellt sich ganz unter den Willen des Meisters, ganz unter seine Bedingungen und in seinen Dienst. Es geht um den Willen dessen, der mich mit seiner Vollmacht und in seinen Auftrag berief. Das wird Elisa einiges abgefordert haben, denn er war bisher sicher gewohnt, eigene Diener bzw. Mitarbeiter anzuweisen. Offenbar war aber der Respekt vor der Berufung Gottes mächtiger als sein eigener Stolz. Das Wissen um die hohe Würde seines neuen Auftrags hat ihm keinen Raum für eitle Spielchen gelassen. Wir lesen ganz schlicht: „Er folgte Elia und diente ihm".

Aber wie geht die Geschichte weiter? Wir sehen, dass Elisa später dann tatsächlich auch die Kraft aus der Höhe bekam – sogar den doppelten Anteil der Kraft Elias. Genauso hat uns Jesus durch seinen Heiligen Geist mit Kraft aus der Höhe versorgt (zu Pfingsten) und uns befähigt zu „noch größeren Dingen"! Auch das sehen wir bei Elisa, der in seinen Dienstjahren mehr und spektakulärere Wunder vollbracht hat als sein Vorgänger Elia. Hätte Elisa nicht diesen radikalen Schritt gemacht, hätte er nicht diese Entscheidung gefällt, dann hätte er niemals erlebt, wie Gott durch ihn Krankheiten heilt, Tote auferweckt, Speise vermehrt, ganze Armeen in die Flucht schlägt. Er hätte niemals die Freude erlebt, selbst „Prophetenjünger" zu prägen und sich dadurch geistlich zu vermehren. So aber wurde er Leiter eines ersten Predigerseminars, das offenbar aus allen Nähten platzte (vgl. 2. Kön. 6,1ff). Nachfolge ist attraktiv – sie zieht andere an und macht Schule.

Das Abenteuer Nachfolge fordert ordentlich heraus und lässt keine Langeweile aufkommen. Denn sie lässt zu, dass Gott uns mit in sein Tun hineinnimmt – und das ist spannend. Und so klingt das, was wir schließlich vom alten Elisa lesen (2. Kön. 13,14ff), auch noch sehr nach Abenteuer! Der Prophet ist bereits sterbenskrank und man würde sich einen alten Mann erwarten, der sich nun den verdienten Lebensabend gönnt, vielleicht etwas müde von all den Abenteuern seines Lebens. Vielleicht auch etwas wehmütig. Zumindest mit nachlassender Kraft. Von wegen. Da kommt ein König, um sich bei ihm Rat zu holen bezüglich feindlicher Bedrohung. Und Elisa fordert ihn auf zu einem kleinen Wettschießen. Immer noch unternehmenslustig, immer noch kampfgewandt. Er ist voll dabei. Er sprüht vor Kraft und Dynamik. Hier sprüht Elisa kurz vor seinem Tod noch von großen Erwartungen an Gott – bloß nie zu wenig erwarten. Er hat Visionen und kann sich dann noch lauthals beschweren, weil dieser König offenbar zu wenig von Gott erwartet.

Nachfolge fordert uns viel ab – aber sie baut uns letztendlich erst richtig auf. Sie stärkt uns und gibt uns Kraft. Und selbst im eigenen Sterben sind wir noch Kämpfer und Sieger.

Auch unser Tod kann Gott nicht davon abhalten, uns weiter zu gebrauchen. Das ist offenbar die Botschaft der schrägen Geschichte, die wir ganz am Ende vom biblischen Bericht über Elisa lesen. Der Prophet war inzwischen gestorben und ein Krieg zog übers Land. Ein Mann starb und wurde (wohl eher beiläufig im Eifer des Kriegsgeschehens) in Elisas Grab geworfen – mit dem Effekt, dass er zum Leben erweckt wurde, sobald er die toten Gebeine des verstorbenen Propheten berührt hatte!

Das mindeste, das wir von Elisa lernen ist, dass Nachfolge ein echtes Abenteuer ist! Und da will noch jemand behaupten, Glaube und Jesus-Nachfolge seien langweilig! Nachfolge fordert heraus zu radikalen Schritten und stellt uns in Aufgaben, die größer sind als wir selbst. Jesus-Nachfolge fordert uns heraus und lässt uns an unsere Grenzen kommen bzw. diese ordentlich erweitern.

Nachfolge bedeutet aber auch, Gott erst richtig live zu erleben, Ungeahntes zu entdecken und sich von ihm gebrauchen zu lassen. Erst wer die Hand Jesu ergreift und sich auf seine Führung einlässt, wird erleben, wie gut er sich auskennt und wie wertvoll das Leben ist, das er uns schenkt! Nur wer wagt, gewinnt. Und nur wer glaubt, merkt: Das Abenteuer lohnt sich!

„Mary did you know ...?“
Begnadete Christusträgerin und vorbildliche Nachfolgerin

MARIA, DIE MUTTER JESU, HAT uns viel zu sagen. Eine nähere Beschäftigung mit dieser wunderbaren Frau und der Botschaft ihres Lebens mag manche Christen veranlassen, sie mehr als bisher zu ehren; andere dürfen ermutigt werden, sie weniger zu verehren! Ich lade zu einer kleinen Studie ein über den Glauben und die Berufung der Maria und ihr Verhältnis zu Jesus, der für sie beides war: ihr Sohn und ihr Meister!

Der Anfang dessen, was wir von Maria erfahren, ist unverhofft und sehr natürlich. Mit ihr begegnet uns schlicht und einfach eine Frau, die gottesfürchtig lebt und sich Gott zur Verfügung stellt. Eine Frau, die mit dem Alten Testament zutiefst vertraut ist und offenbar eine tiefe Sehnsucht hat, dass Gott zu seinem Recht kommt. Wenn wir genau hinschauen, dann sehen wir, dass dies letztlich auch schon alles war, was sie zur ihrer Berufung als Mutter Jesu beigetragen hat. Sie konnte nie erträumen, dass dieser Gott sich ausgerechnet ihren Körper und ihr Leben aussuchen würde, um zur Welt zu kommen. Das hat sie weder erwartet noch, nüchtern betrachtet, verdient. „Sei begrüßt, du Begnadete“ waren die ersten Worte des Engels an sie. Sie fand Gnade, so wie ein Noah und wie viele andere im Alten Testament. Maria, die Begnadete!

Als musikalische Untermalung dieser gnädigen Berufung kann ihr „Magnifikat“ gesehen werden (Lk. 1,46–56). Ein wunderschönes Lied, das sowohl ihre Vertrautheit mit dem Alten Testament ausdrückt, als auch ihr tiefes Ergriffensein von der Gnade Gottes, die ihr zuteilwurde. In den Worten ihres Gotteslobes greift Maria offenbar auf den Lobgesang der Hanna zurück, der Mutter des Propheten Samuel (1. Sam. 2,1–10). Allerdings mit dem Unterschied, dass Hanna besingt, Gott habe ihr endlich Recht zukommen lassen, während Maria nur darüber staunen kann, überhaupt beachtet worden zu sein!

Und so wird Maria zur „Gottesmutter", zur Mutter des göttlichen Erlösers! Was für eine Ehre. So nah war niemand je an Jesus dran. Er war Teil von ihr, sie Teil von ihm. Was für eine Ehre und gleichzeitig – was für eine Last! Denn diesen Jesus konnte sie mit ihrem Mann Josef nicht teilen. Der hatte keinen Anteil an dem Kind und muss rein menschlich gesprochen das Ganze immer als eine Konkurrenz empfunden haben. Wir lesen nur wenig von Josef. Irgendwann wird er gar nicht mehr erwähnt und man geht davon aus, dass er früh starb. Er lebte aber lange genug, um mit dem zwölfjährigen Jesus noch nach Jerusalem zu reisen und neben ihm noch mindestens vier eigene Söhne und einige Töchter zu erleben. Alle diese anderen Kinder verbanden ihn mit seiner Frau Maria. Jesus aber war anders. Den konnte Maria mit ihm nicht teilen. Er war Teil ihres Körpers, und nur ihres Körpers. Er war eine wunderbare Kreatur des Heiligen Geistes, eine Wirklichkeit, die man weder beschreiben noch wirklich teilen kann. Die muss man selbst erleben.

Maria also als Mutter Jesu. Was wäre Jesus ohne sie? Er wäre nicht in diese Welt gekommen. Oder Gott hätte sich eine andere „Maria" gesucht … Und da kommen wir ins Spiel. Nichts, aber auch gar nichts anderes hat Gott mit jedem von uns vor. Gott will, dass Christus durch seinen Heiligen Geist in uns Gestalt gewinnt und dass wir Christus in diese Welt tragen!

Bei manchen von uns ist die dafür notwendige, geistliche Zeugung vielleicht noch nicht geschehen. Oder aber doch, nur ist sie noch nicht sichtbar, das „Kind" wächst noch und macht sich bald bemerkbar. Vielleicht spürst du – um in diesem Bild zu bleiben –

schon das Treten des Kindes, spürst wie Christus schon ganz tief in dir etwas Neues geschaffen hat und sich bemerkbar macht. Eins ist jedenfalls ganz sicher: Wenn Christus in deinem Leben Realität ist, dann will er raus. Er sucht „Marias“, er sucht Menschen, die sich mit Leib und Leben zur Verfügung stellen. Menschen, die sich aus der Höhe begnadigen und gebrauchen lassen. Gott sucht „Christus-zur-Welt-Bringer“!

Dabei ist es letztlich nicht anders als bei Maria: Du bleibst ganz du selbst und auch Christus wird in dieser Welt in gewisser Weise immer deine Gene tragen und von dir nicht zu trennen sein. Da bist du als Person ganz mitbeteiligt. Und doch muss etwas geschehen, das nur der Heilige Geist in dir schaffen kann. Ein göttliches Wunder! Eine Verschmelzung von Gott und Mensch! Und nicht zuletzt wirst du merken: Diesen Jesus kannst du so mit keinem anderen teilen. Deine Verbundenheit mit ihm ist einzigartig und individuell. Wenn andere Menschen in deinem Umfeld diesen Jesus nicht selbst kennen und „geistlich“ mit ihm verbunden sind, werden sie deinen Jesus immer wieder als Bedrohung erleben, meist unbewusst! Denn er ist ein Teil von dir, den sie nicht mit dir teilen können.

Maria hat uns also viel zu sagen. Christusträger zu sein, ist ein unfassbares Vorrecht und eine Gnade. Aber keine billige Gnade. Diese Gnadenberufung fordert eine Menge ab und ist mit einem spannungsvollen Auftrag verbunden. Und der hat sich bei Maria nicht leicht gestaltet. Wie bitte kriegst du die beiden Rollen unter einen Hut: Mutter Gottes sein und gleichzeitig seine ergebene Magd? Als ihre Cousine Elisabeth bei ihrem Besuch freudig rief: „Wie geschieht mir das, dass die Mutter meines Herrn zu mir kommt?“ (Lk. 1,42) mag das die Spannung auf den Punkt gebracht haben. Aber wie bitte lebt sich das? Wann gilt es, Jesus als „mein“ Kind zu behandeln und wann gilt es, ihn als Gott anzubeten und ihm Gehorsam zu leisten?

In Lukas 2 werden zwei Gebäude erwähnt, die diese Spannung aufzeigen, in der Maria in Bezug auf Jesus lebte: *Stall und Tempel.* Ein schönes Bild auch für die Spannung unseres Lebens und unsere Beziehung zu Jesus: Der Stall ist Zeichen unserer Erniedrigung und Menschlichkeit, der Tempel erinnert uns an unsere Erhöhung und göttliche Bestimmung. Im Stall kommt Jesus zur Welt. Im Tempel wird er dem Himmel dargebracht.

Schon allein der Blick in den Tempel sagt viel, und ich will die Aufmerksamkeit besonders dem zuwenden, was dort geschieht. Im Tempel bringen Josef und Maria ihren Erstgeborenen nach dem alttestamentlichen Gebot dar – und ebenso ein begleitendes Opfer zur sogenannten „Entsühnung", zur rituellen Reinigung der Mutter. Das hätten sie übrigens nicht tun müssen, hätte es tatsächlich eine unbefleckte Empfängnis gegeben! Hier im Tempel bringen sie ihren Sohn Gott dar und bekennen sich zugleich als Eltern schuldig und der Sühne bedürftig. Und dann treffen sie auf zwei wunderbare, betagte Propheten: *Simeon und Hanna.*

Simeon, ein alter gottesfürchtiger Mann, hatte von Gott die Verheißung bekommen, den Erlöser Israels noch zu sehen, bevor er stirbt. Als Jesus nun dargebracht wurde, regte sich in seinem Herzen ein ähnliches Erkennen wie bei Johannes dem Täufer, der noch im Bauch seiner Mutter Elisabeth gewesen war und auf Anregung des Geistes anfing zu tanzen, als Jesus im Bauch von Maria kam! Der Heilige Geist schenkt das richtige Erkennen! Nachdem sich die Mutter Jesu soeben als Sünderin hatte entsühnen lassen, wird ihr Sohn nun als Gottes Heiland erkannt – der eben das bringen soll, was seine Mutter und jeder andere braucht: Sühne und Erlösung!

Bevor ich auf ein Wort von Simeon noch näher eingehe, einen kurzen Blick auf die Prophetin Hanna. Eine 84-jährige Witwe, die ihren Mann nach sieben Jahren Ehe verloren hatte und sich seitdem ganz der Hingabe an Gott gewidmet hatte. Der Tempel war ihr Zuhause geworden, das Fasten zum täglichen Brot und das Gebet zur unverzichtbaren Gewohnheit wie das Atmen. Auch sie erkennt Jesus und beginnt einen lauten Lobpreis im Tempel. Inmitten dieser bewegenden Szenen spricht der alte Simeon dann einen starken und ebenso verwirrenden Satz. Er wendet sich damit ausdrücklich an Maria, die Mutter Jesu: „Durch deine Seele wird ein (großes) Schwert dringen!“ (V. 34–35). Mit dieser prophetischen Botschaft spricht er den Schmerz der Mutter an: Maria, zu deiner Ehre wird sich ein ebenso großer Schmerz gesellen. Und der wird seinen Höhepunkt am Kreuz erleben. Dort finden wir neben den anderen Marias später tatsächlich auch die Mutter Jesu. Sie ist bei der Hinrichtung ihres Sohnes anwesend und muss zusehen, wie er unschuldig und grausam leidet und stirbt. Was bitte musste das mit der Seele einer Mutter machen? Sie muss selbst tausend Tode gestorben sein und sich nichts mehr gewünscht haben, als für ihren Sohn sterben zu dürfen. Und genau das ist es, was Maria lernen muss: Diesen Schmerz und diesen Tod kannst du Jesus nicht abnehmen. Er stirbt für dich und an deiner Stelle! Zugleich aber, Mama Maria, gehört es durchaus dazu, dass du als Mutter und Mensch in der Tiefe deines Herzens „tausend Tode“ mit Jesus stirbst.

Am Kreuz kommt die Reise der Maria mit Jesus zu einem absoluten Höhepunkt. Bis jetzt hatte sie als Mutter beständig lernen müssen, sich zurückzunehmen. Hier stirbt sie sich selbst als Mutter endgültig ab. Sie hat unterwegs immer wieder auch lernen müssen, dass Jesus eben nicht nur *ihr* Sohn ist, sondern auch einen himmlischen Vater hat. Am Kreuz muss sie nun endgültig loslassen. Hier geschieht etwas, das sie natürlicherweise als Mutter niemals hätte zulassen wollen. Wie gut, dass Jesus im Garten Gethsemane nicht betete: „Wie du willst, Mutter“ sondern „Himmlischer Vater, dein Wille geschehe!“ Am Kreuz vollzieht sich die letzte und deutlichste Unterscheidung zwischen Maria als Mutter und Gott als Vater! Hier am Kreuz muss sich die irdische Mutter Jesu ganz in den Willen seines himmlischen Vaters ergeben! Bis dahin hatte Maria einen langen Weg zu gehen, einen Weg des Lernens und des Loslassens. Dieser Weg fand am Kreuz seinen schmerzlichsten Höhepunkt, aber auch seine wunderbarste Erfüllung. Hier trat der fürsorgliche Wille der Mutter endgültig hinter den Willen des himmlischen Vaters und die fürsorgliche Liebe des Sohnes zurück.

Maria ist nicht nur eine begnadete Frau – sondern noch dazu ein unfassbar treffendes Bild für unseren Weg mit Jesus, unseren Lernprozess als „begnadete Christusträger". Um das vollständige Bild von Maria und ihrer Beziehung zu Jesus zu erhalten, sollten wir aber auch nochmal die Perspektive wechseln und Maria aus der Sicht Jesu betrachten.

Dabei liegt der Schlüssel sicher darin, dass Jesus um seine wahre Zugehörigkeit wusste. Das machen die Evangelisten zunehmend deutlich, je länger wir dem Verlauf der Geschichten folgen. Jesus wusste schon als Zwölfjähriger um seine wahre Identität, seine Beziehung zum himmlischen Vater hatte für ihn absolute Priorität. Das wird umso deutlicher, je mehr wir ihn auf seinem Weg begleiten, den die Evangelisten beschreiben. Er lebte in totaler Abhängigkeit vom himmlischen Vater und wurde nicht müde, genau darauf zu verweisen. Man könnte das „Vater-Unser" sozusagen als sein Lebensprogramm verstehen.

Interessant ist nun allerdings: Je mehr sich Jesus zu seinem himmlischen Vater bekennt, desto unabhängiger macht er sich von seiner irdischen Mutter. Auf der Hochzeit in Kana sagt er ihr: „Was geht es dich an, Frau, was ich tue? Meine Stunde ist noch nicht gekommen!" (Joh. 2,4). Maria sagt das Richtige, bevormundet ihn aber. Dagegen wehrt er sich! Das findet eine Fortsetzung bei einem Besuch Marias und ihrer anderen Söhne (Lk. 8,19–21): „Meine Mutter und Brüder sind diese: die Gottes Wort hören und tun." Jesus will sich und seine Zugehörigen nicht über seine irdische Verbundenheit mit Maria definieren; das macht er entschieden deutlich. Später einmal ein anonymer Ausruf: „Selig ist der Leib, der dich getragen hat, und die Brüste, an denen du gesogen hast" (Lk. 11,27). Worauf Jesus antwortet: „Ja, selig sind, die das Wort Gottes hören und bewahren." Jesus muss immer wieder bewusste Distanz schaffen. Er muss immer wieder für klare Verhältnisse sorgen. Seine Botschaft an Maria lautet: Ich gehöre dir nicht. Du darfst mich nicht bemuttern und bevormunden. Deine Rolle als Mutter soll meiner Rolle als Meister dienen – und nicht andersrum. Oder wie Johannes der Täufer sein Verhältnis zu seinem Cousin Jesus formulierte: „Er muss wachsen, ich aber muss abnehmen" (Joh. 3,30). Das hat Jesus seiner Mutter immer wieder liebevoll vermitteln müssen: „Ich muss wachsen, du aber musst abnehmen." Dabei hat es Maria immer gut gemeint. Man kann ihr wohl kaum falsche Motive vorwerfen. Aber das Gute oder Gut-Gemeinte ist bekanntlich oft der Feind des Besseren! Maria musste lernen, Jesus loszulassen in seine himmlische Berufung; sie musste lernen, ihn ganz sich selbst sein zu lassen. Auch das ist für uns eine wichtige Lektion, so sehr wir uns mit Jesus verbunden wissen: Er gehört uns nicht; nicht unseren Wünschen, nicht unseren Bedürfnissen! Und manchmal kann eine große, gefühlte Nähe zu Jesus sogar zu einer Entfremdung von ihm führen. Wir merken zuweilen gar nicht, wie sehr wir uns an ihn gewöhnt haben und ihn förmlich für uns vereinnahmen. Dann diktieren wir ihm unseren Zeitplan und seine „To-Do"-Liste!

Dass Jesus seine menschliche Verpflichtung als Erstgeborener der Mutter gegenüber jedoch nicht vergessen hat, zeigt spätestens seine liebevolle Geste am Kreuz, wo er sie der Fürsorge des Johannes anvertraut. Tatsächlich erfahren wir später, dass Maria ihren Lebensabend bei dem Apostel Johannes verbrachte, weitgehend in Ephesus, wo sie dann starb! Wunderbare Lektion: Jesus vergisst unsere Bedürfnisse nicht – aber er hält sich nicht immer an unsere Zeitpläne und Wunschlisten. Und er gehört uns nicht allein – es gibt viele andere, die ihn brauchen!

„Meine Mutter … das sind die, die Gottes Wort hören und tun." Maria hat uns viel zu sagen und die Botschaft ihres Lebens wird zu einer Veranschaulichung dessen, was Jesus mit seiner Aussage meint: Meine Mutter sind die, die verstehen, dass Gottes Reden in mir Person wurde und in die Welt kam. Meine Mutter sind die, die das lebendige und das schriftliche Wort Gottes in sich aufnehmen und den Willen Gottes Gestalt annehmen lassen im eigenen Leben. Meine Mutter sind die, die sich begnadigen lassen und sich die Ehre zusprechen lassen, Gottesträger in einer Welt zu sein, die so unendlich bedürftig ist nach ihm. Meine Mutter sind die, die mir nachfolgen, sich von mir in einen Lern- und Veränderungsprozess hineinnehmen lassen und den Schmerz nicht verweigern, der dabei ihre Seele durchdringen wird – denn Nachfolge ist ein Kreuzweg und hat ihren Preis.

Möge sich das Wunder der Menschwerdung Gottes in Maria und das Vorbild der Maria als begnadete und gehorsame Christusträgerin noch unzählige Male wiederholen. In dir und in mir. Denn Jesus sehnt sich danach, durch uns zur Welt zu kommen!

Echtheits-Test & Ephesus-Syndrom

Der Apostel Johannes, sein erster Brief und die Botschaft seines Lebens

DER APOSTEL JOHANNES WAR MEHR als Augenzeuge Jesu. Er hat ihn nicht nur gesehen, sondern auch gehört und betastet. Als einer der zwölf Jünger war er mit Jesus unterwegs gewesen und gehörte sogar zum engen Kreis um Jesus. Johannes muss damals einer der Jüngsten gewesen sein, wahrscheinlich ein Teenager. Von allen Jüngern lebte Johannes offenbar als längstes und starb in den 90er Jahren des ersten Jahrhunderts als „Bischof" in Ephesus. Bis er aber in den 70er Jahren dorthin kam, gehörte er zu den fixen Säulen der Gemeinde in Jerusalem – gemeinsam mit Petrus und seinem eigenen Bruder Jakobus. Letzterer starb als einer der ersten Märtyrer, Petrus dann wie Paulus um 64 unter Nero in Rom. Und überhaupt scheinen alle Jünger als Märtyrer gestorben zu sein – bis auf Johannes. Jedenfalls kam er schließlich nach Ephesus, um dort die Arbeit fortzusetzen, die unter Paulus begonnen hatte. Diese Stadt spielt im Leben des Johannes und auch in dem, was wir hier über ihn erfahren werden, keine unbedeutende Rolle.

Ephesus galt als „Mutterzentrum" Kleinasiens, als Dreh- und Angelpunkt in Sachen Kultur und Religion. Hier stand eins der sieben Weltwunder – der Artemistempel, oder wie man ihn auch nannte: den Tempel der Diana. Ephesus nimmt im Neuen Testament außergewöhnlich viel Raum ein: In der Apostelgeschichte finden wir die sogenannten „Ephesus-Chroniken" – eine ganze Reihe von Berichten aus der Gemeinde dort, von dem was Paulus und auch Apollos und andere dort bewirkten. Dann schreibt Paulus den Epheserbrief an sie. Das erste der sieben Sendschreiben Jesu in der Offenbarung geht an Ephesus. Und schließlich gehören auch die Johannesbriefe dahin. Denn sie werden vom „Ältesten“ aus Ephesus geschrieben und wir fragen uns: Was bewegt den alten Johannes im Blick auf die Christenheit seiner Zeit? Warum schreibt er dieses feurige Traktat, wie man den 1. Johannesbrief durchaus nennen darf? Johannes selbst gibt den Briefempfängern (und damit uns) zusammenfassend drei Antworten auf diese Frage:

- „Damit ihr Gemeinschaft habt“ – mit Christen und mit Christus; und damit ihr überhaupt Beziehungen verantwortlich lebt.
- „Damit ihr nicht sündigt“ und überhaupt eure Ethik reflektiert und bewusst lebt.
- „Damit ihr wisst“ und überhaupt darauf achtet, dass ihr gesund und richtig denkt.

Drei handfeste Begründungen also für seinen Brief. Wir werden sehen, dass er dabei nicht nur die spezifische Situation seiner Leser im Blick hat, sondern weitergibt, was er in eigener Lebens- und Glaubensschule gelernt hat.

Wenn wir den Brief lesen, kommt es uns vor, als ob Johannes ständig von dem einem Thema zum anderen wechselt. Als Orientale denkt er offenbar in zyklischer Logik, weniger linear; er kreist wie ein Adler (übrigens das Symbol, das man ihm traditionell zuordnet) über den Themen, um hier und dort herabzustürzen und zuzugreifen. Tatsächlich trifft er ausgesprochen pointierte Aussagen, mitunter scharf und würzig; manche auch recht schwer einzuordnen. In seinem Buch „Mehrwert“ schreibt Markus Spieker von seiner Lieblingspizza „Johannes“ aus der Berliner Pizzeria „12 Apostel“. Diese sei unglaublich schmackhaft und gut verdaulich. Ganz anders, als es die Worte des alten Johannes waren, so Spieker. Die Aussagen des Apostels gehen quer rein und sind scharf gewürzt. „Die Welt vergeht mit ihrer Lust …", so ein markanter Spruch. Warum aber dieser scharfe Ton bei Johannes?

Er sieht offenbar die junge Christenheit in Gefahr, wobei er speziell die Situation in Ephesus im Blick hat. Schon Paulus hatte bei seinem Abschied von den Ältesten der Gemeinde in Ephesus (nach Apostelgeschichte 20) vor Irrlehrern und Verführern gewarnt: „Aus eurer Mitte werden Männer aufstehen, die Verkehrtes lehren, um die Jünger an sich zu ziehen. Darum seid wachsam …" (20,30). Und das scheint eingetroffen zu sein, als der Apostel Johannes seinen ersten Brief schrieb, denn hier erwähnt er Irrlehrer, die „von uns ausgegangen" sind (2,19). Ihr bekanntester Vertreter war ein Mann namens Kerinth. Nein – er wollte das Evangelium nicht gänzlich ablehnen, sondern einfach nur offen bleiben für anderes und für Neues. Und dieses „Neue" und „Andere" kam aus dem fernen und näheren Osten. Es verband sich nicht nur mit bewährter griechischer Philosophie, sondern galt auch als kompatibel mit dem christlichen Evangelium. Daraus entstand eine bunte Patchwork-Religion, die sog. „Gnosis" („Erkenntnis"). Von diesem Zeitgeist und Einfluss zeugt heute noch das relativ bekannte und von Esoterikern beliebte „Thomas-Evangelium". Kerinth jedenfalls vertrat offenbar eine erste Version dieser späteren Gnosis – sozusagen eine Basisvariante. Er las das Evangelium mit einem dualistischen Weltbild, bei dem sich Geist und Materie einander grundsätzlich feindlich gegenüber stehen. Geist und Seele galten sozusagen als „Hui", alles Leibliche als „Pfui". Da Gott selbst Geist ist, sei das Ziel der Erlösung, dass sich unser Geist vom Leiblichen löst und mit Gott verbindet. Dazu braucht es die notwendige Erleuchtung und die richtige „Erkenntnis". Das mag sich zunächst gut anhören, hat aber für den christlichen Glauben fatale Folgen. Denn demnach würde Gott sich nie einen Leib wählen und konnte Jesus auch nicht Gott gewesen sein. Das Verständnis von Sünde und Moral bekam ebenfalls neue Vorzeichen: entweder wurde es von Leibfeindlichkeit bestimmt (die strenge Askese forderte) oder aber von Gleichgültigkeit, da man den Leib als derart niedrig und unwichtig betrachtete, dass man damit machen konnte, was man wollte. Was wirklich zählte, war schließlich die geistige und seelische Erleuchtung, welche Rolle auch immer dabei der Körper einnahm. War man nun erleuchtet und entsprechend vom „bösen" und niedrigen Einfluss alles Körperlichen befreit, wusste man sich vielen anderen Menschen überlegen – nach dem Motto: „Ich sehe 'was, was du nicht siehst, und habe 'was, was du nicht hast". Die Folge so einer „Erkenntnis-Religion" war Arroganz den Unerleuchteten gegenüber. Das höhere Wissen war schließlich nur etwas für Eingeweihte.

Das dürfte für unsere postmodernen Ohren sehr vertraut klingen, hat aber damals schon die junge Christenheit beeinflusst und beschäftigt. Und da hinein schreibt Johannes seine Streitschrift, die gleichzeitig ein warmherziger Hirtenbrief ist. Der Apostel sieht sich in der Verantwortung, die Christen zu bestärken und ihnen geistliche Unterscheidungshilfe zu geben. Johannes will verhindern, dass die Christen sich verunsichern lassen. Deshalb verwendet er rund vierzig Mal den Ausdruck „Wir wissen"! Er will bestärken nach dem Motto: Lasst euch nicht ins Bockshorn jagen. Lasst euch nicht einreden, dass euch noch irgendetwas vom richtigen Wissen fehlt: Wir wissen alles, was wir wissen müssen. Als Christen sind wir wahrhaftig eingeweihte und erleuchtete Menschen. Johannes will aber nicht nur vergewissern, sondern auch in Frage stellen! Denn leider lassen sich diese Einstellungen und Ideen unter Christen immer wieder erkennen (bis heute!). Deshalb lädt Johannes mit seinem ersten Brief zum dreifachen Echtheits-Test:

- Zum *theologischen Test*, bei dem es um Fragen der Wahrheit geht, speziell um das richtige Denken über Jesus
- Zum *ethischen Test*, bei dem es um den Umgang mit der Sünde geht und um Fragen der Moral und des Gehorsams
- Zum *sozialen Test*, bei dem es um die Liebe und den Umgang miteinander geht.

Für Johannes ist klar: Jeder Christ – vor allem aber, wer sich als Lehrer versteht – muss sich an diesen drei Kriterien messen lassen. Dabei bedingt eines das andere, alle drei Lebensbereiche (sozusagen Hirn, Hand und Herz) schließen einander entweder ein oder aus. So lässt sich beispielsweise die richtige Erkenntnis am richtigen Umgang mit anderen Menschen erkennen; wem Liebe mangelt, der hat schlichtweg die falsche Theologie!

Dieser Konflikt hat die Christen der frühen Kirche offenbar stark bestimmt. Vor allem in Ephesus. Deshalb ist das auch eins der Hauptthemen im Sendschreiben Jesu an diese Gemeinde (Offb. 2,1ff). Er weiß um ihre Auseinandersetzungen mit den falschen Lehrern und honoriert ihren Kampf für die Wahrheit! In dieser Hinsicht scheint die Prägung des Johannes also gegriffen haben – er hat ihnen gutes Handwerkszeug gegeben gegen die Irrlehrer. Aber: Jesus beklagt, dass sie ihre erste Liebe verlassen haben. Vor lauter Rechtgläubigkeit und Apologetik, also Verteidigung der Wahrheit, war man auf der einen Seite vom Pferd gefallen. Dabei hatte Jesus sie gewarnt: „Ich werde euer Licht auslöschen", d. h. euer missionarisches Zeugnis wird kraftlos werden, wenn ihr euch nur auf die Verteidigung der Wahrheit ausrichtet und die Liebe vernachlässigt.

Mit Rechtgläubigkeit allein gewinnt man keine Welt für Christus. Das schaffen wir nicht ohne die Liebe. Und genau in diesem Spannungsfeld leben wir als Christen bis heute. Überhaupt scheint es ja die „Wahrheitstypen" und die „Liebestypen" zu geben. Die einen kämpfen für die Wahrheit und stehen in der Gefahr, sich dadurch zu isolieren. Andere finden beim ärgsten Feind noch was Gutes und drohen, ihre eigenen Standpunkte an die Harmonie zu verkaufen. Paulus hatte der Gemeinde in Ephesus mal geschrieben: „Lasst uns die Wahrheit bekennen in Liebe und hinwachsen zu dem, der das Haupt ist: Christus" (Eph. 4,15). In Christus verbinden sich Wahrheit und Liebe. Und deshalb leben wir dann Christus gemäß, wenn sich Wahrheit und Liebe nicht ausschließen, sondern umarmen!

Hat die Gemeinde in Ephesus das geschafft? Offenbar nicht. Tragisch – von Ephesus ist heute nur noch der türkische Name geblieben: *Ayasaluk*. Das geht zurück auf die griechische Version „Hagios Theologios" – der *heilige Theologe* oder *der himmlische Mann*. So hieß eine große Basilika, die man im 5. Jahrhundert nach Christus zum Gedenken an Johannes erbaute. Mehr ist nicht geblieben! Überhaupt ist das christliche Zeugnis in der Türkei erschreckend gering – und das bei der großen Bedeutung, die Ephesus und Kleinasien überhaupt im Neuen Testament zukommt. Alles was bleibt, ist die Erinnerung an den Apostel Johannes – den „Apostel der Liebe", den „Hagios Theologios". Aber wer war Johannes überhaupt und wie kam der zu so einem Ruf? Dem sollten wir nachgehen, denn aus den Evangelien kennen wir diesen Johannes so ganz anders.

Johannes hatte ursprünglich alles andere als ein sanftmütiges, liebenswürdiges Naturell. Jesus hatte ihm und seinem Bruder Jakobus einen Spitznamen gegeben: *Boanerges*! Donnersöhne! Das waren regelrechte Hitzköpfe, man könnte sagen, fromme Besserwisser und Hardliner! Worin drückte sich das aus? Hier drei Berichte über die beiden Brüder:

Markus 9,38ff/Lukas 9,49 (Der fremde Wundertäter): Sie übernehmen die Verteidigerrolle für Jesus. Machen sich ungefragt zu seinem Fürsprecher. Vor lauter Eifer und Rechtgläubigkeit lehnen sie jemanden ab, den Jesus zunächst stehen ließ. Er will ihn gewinnen und geht positiv an Menschen ran, solange sie nicht eindeutig gegen ihn sind. Jesus weist sie sanft zurecht. Wie die beiden aber wirklich tickten, zeigt sich kurz darauf:

Lukas 9,51ff (Die Ablehnung der Samariter): Ein samaritanisches Dorf lehnt Jesus kategorisch ab. Die beiden „Donnersöhne" schlagen zu – und schlagen Jesus etwas sehr Originelles vor: wie wär's mit etwas Feuer vom Himmel und einem ordentlichen Standgericht? Das Herz offenbart sich unter Druck. Die Liebe muss sich erst im Widerstand beweisen. Und hier disqualifizieren die beiden sich absolut. Denn ganz im Stil von alttestamentlichen Zeloten meinen sie, hier Richter spielen zu müssen. Jesus soll der Vollstrecker sein. Was ganz sicher mitspielt ist, dass sie ihren frommen Eifer für die Sache Gottes mit ihrem nationalen Eifer für die Sache des Volkes verwechseln. Die Samariter waren ihre Lieblingsgegner. Man kann persönliche Antipathie wunderbar mit einem frommen Eifer entschuldigen. Die beiden Powerbrüder leben absolut an dem Ziel des Evangeliums vorbei: Jesus kam, um zu erretten und nicht zu verdammen. Die Zurechtweisung Jesu ist entsprechend hart: „Wisst ihr nicht, wes Geistes Kinder ihr seid"?

Und schließlich Markus 10,35ff/Mt. 20,20ff (Die Bitte um Ministerposten): Die Brüder stellen Forderungen aus einem frommen Eifer heraus. Sie sehen sich als die geborenen Leiter im Reich Gottes; konkret als rechte und linke Hand Jesu. Und zur Unterstützung bringen sie das Anliegen sogar gemeinsam mit ihrer Mama vor. Eine fast amüsante Story, wenn sie nicht so ernst wäre! „Ihr versteht nichts ...!" Jesus zeigt ihnen ihr verdrehtes Denken klar auf.

Das heißt im Klartext: In Sachen Lieblosigkeit und Arroganz konnte niemand dem Johannes etwas vormachen. Johannes wusste aus seinem eigenen Leben, wie schnell das eigene Naturell dem Wesen Jesu im Wege steht. Und wie überhaupt die sündige Natur des eigenen Herzen mit dem Evangelium nicht kompatibel ist. Was die Spannung zwischen Wahrheit und Liebe angeht, wusste Johannes sehr wohl um die Gefahr, dass man im Namen der Wahrheit zu regelrechten Leugnern der Liebe werden kann. Dass die Wahrheit eine herrliche Munition für die schweren Geschütze sein kann, die man gegen andere Menschen aufbaut. In Sachen Eifer für die Wahrheit brauchte man Johannes nicht erst zu gewinnen! Das war sein Naturell. Aber dieses Naturell musste geheiligt werden. Eine schwere Schule!

Aber es war eine Schule, in die Johannes von Jesus genommen wurde. Und Jesus schaffte es, aus diesem Donnersohn tatsächlich einen Apostel der Liebe zu machen. Die Frage ist nur: wie ging das?

Das große Geheimnis war wohl: Jesus liebte ihn! Wenn Jesus sich nach passenden Modellen umschaute, an denen er zeigen konnte, was seine Liebe verändern kann und welch eine revolutionäre Kraft diese Liebe hat – dann hat sich Johannes regelrecht angeboten. Und Jesus hat sich gleich den Petrus und Jakobus dazu genommen. Ebensolche Hitzköpfe! Die drei bildeten das enge Kernteam um Jesus herum. Das legt man ihnen meist zum Vorteil aus, denn man meint, sie hatten das größte Potential. Und das könnte schon irgendwie stimmen. Aber meine Vermutung ist auch: die drei hatten die Nähe Jesu am bittersten nötig! Die hatten eine extra große Ladung Heiligung nötig. Was nicht der Tatsache widerspricht, dass eben diese drei in der frühen Kirche zu wichtigen Schlüsselfiguren und Multiplikatoren wurden. Da entdecken wir ein schönes geistliches Prinzip: je mehr ich mir bewusst bin, wie nötig ich die Liebe Jesu habe, desto mehr zeigt mein Leben, was er aus mir machen kann. Oder wie Paulus mal sagt: „Wo die Sünde groß ist, da ist die Gnade umso größer!“ Jedenfalls – das Geheimnis des Johannes war die Liebe, mit der ihn Jesus liebte und veränderte.

Und darin war eingeschlossen, dass Johannes eine sehr große Nähe zu Jesus entwickelte. Er nennt sich selbst Augenzeuge, Ohrenzeuge und Tastzeuge. Er hat Jesus hautnah erlebt. Er war hautnah dabei, als Jesus auf dem Berg verklärt wurde und die himmlische Bestätigung erhielt von seinem Vater. Johannes war hautnah beim Abendmahl dabei – er lehnte regelrecht an der Seite Jesu. Er stellte auch die entscheidende Frage: „Herr, wer wird dich verraten?“ Er war hautnah dabei, als Jesus im Garten Gethsemane betete und kämpfte. Überhaupt war er hautnah dabei, als Jesus starb. Johannes stand am Kreuz dabei, während die anderen Jünger Abstand hielten. Er war so hautnah dabei, dass Jesus ihm sogar seine eigene Mutter zur Obhut anvertraute – und die Tradition sagt, dass Maria bis zu ihrem Lebensende in Ephesus bei Johannes blieb. Johannes war neben den Frauen am empfänglichsten für die Auferstehung Jesu. Er lief schneller als Petrus zum offenen Grab und erkannte Jesus ebenfalls noch vor den anderen Jüngern, als sie Jesus am See Genezareth trafen. Johannes war ganz und gar auf Jesus ausgerichtet und ließ zu, dass Jesus ihn veränderte.

Als der Apostel viele Jahre später sein eigenes Evangelium schrieb, erwähnte er sich selbst kaum. Alles was ihm zu sich selbst einfällt, ist die Selbstbezeichnung: „Der Jünger, den Jesus liebte“!

Aber das Evangelium des Johannes lässt durchblicken, was sich bei ihm persönlich über die Jahre getan hatte. In seinem Evangelium nimmt eine samaritanische Frau einen bedeutenden Raum ein als die effektivste Evangelistin. Jesus wird als der gezeigt, der die Samariter liebt. Auch wenn Johannes zeigt, wie Jesus dieser Frau die Wahrheit nicht vorenthält und sie mit ihrer Schuld konfrontiert, ist es Johannes wichtig zu zeigen, dass Jesus die Wahrheit in viel Liebe verpackt. Er kommt ihr entgegen und sucht in Liebe den Weg zu ihrem Herzen. Als Johannes das schrieb, musste er sicher zurückdenken an seine eigene Begegnung mit den Samaritern und die Art von liebloser Therapie, die er damals vorgeschlagen hatte …!

Nicht dass Johannes nichts mehr von der Wahrheit wissen will. Sein Evangelium ist voll mit den scharfen Auseinandersetzungen Jesu. Wie er den Pharisäern so richtig den Kopf wäscht. Und auch seine Briefe haben sich gewaschen und sind regelrecht feurig. Da brennt beim alten Johannes wieder das alte Feuer und geht der Eifer mit ihm durch. Wenn es um die Wahrheit geht, kennt er keine Kompromisse! Ebenso wenig, wie Jesus selbst. Aber er stellt sich selbst inzwischen ganz darunter. Denn inzwischen war ihm auch die ganze Wahrheit über ihn selbst bewusst:

> *Die Wahrheit ist: Ich habe enorm lieblos gehandelt. Fremden und Freunden gegenüber. Ich war arrogant und überheblich. Die Wahrheit ist: Mir war nicht bewusst, wie stark mich meine eigene Sünde im Griff hatte – bei all meinen guten und besten Absichten. Die Wahrheit ist: ich hatte keine Ahnung, wer Jesus wirklich war und bin immer wieder in Gefahr, ihn für meine eigenen Ziele zu missbrauchen. Wenn ich ganz ehrlich bin, sind das nicht nur Dinge, dich ich den Esoterikern in die Schuhe schieben kann. Es sind ebenso meine Probleme. Aber die Wahrheit ist ebenso, dass die Liebe mich verändert hat. Wenn das doch nur bei den Christen in Ephesus und bei den Lesern meiner*

Briefe ankommt. Denn sie stehen von außen und innen in den Spannungsfeldern der Liebe, der Sünde und der Wahrheit. Wie werden sie damit umgehen? Werden sich die richtigen Personen hinterfragen lassen und die richtigen Personen vergewissern lassen? Wenn sie mich fragen würden, was ich ihnen wünsche, dann wäre es:

Dass ihr euch ganz neu in die Gemeinschaft rufen lasst – in die Gemeinschaft mit anderen Christen und mit Christus selbst. Gemeinschaft als gelebte Liebe (Kap. 1,4–5). Lasst nicht zu, dass Überheblichkeit und Lieblosigkeit die Beziehungen zerstört.

Dass ihr einen bewussten Umgang mit der Sünde lernt; dass ihr möglichst lernt, die Sünde zu vermeiden; wenn ihr aber sündigt, dann beschönigt eure Sünde nicht, sondern bekennt sie (Kap. 2,1ff). Lasst nicht zu, wenn euer Herz dazu neigt, die Sünde zu verharmlosen. Lasst aber ebenso wenig zu, dass euer Herz oder sonst jemand euch grundlos anklagt – denn es gibt Vergebung.

Außerdem sollt ihr wissen, dass ihr alles wisst, was zu wissen ist, um richtig zu glauben und zu leben (Kap. 5,13).

Also: eine gesunde Balance aus Wahrheit und Liebe. Und das alles funktioniert nur, wenn die Mitte stimmt: Christus selbst. Auf ihn hinzuwachsen und seine Wahrheit und seine Liebe in uns Gestalt gewinnen zu lassen. Darum geht es.

TEIL 3

Glaubhaft leben

Inspiration durch biblische Texte & Themen

Synergie

Beten und Arbeiten als alltägliche Kooperation mit Jesus

ICH TRAF DIESEN MANN IM orangenen Overall bei seiner Arbeit: Sturmschäden beseitigen und Holz schlägern. Kein ungefährlicher Job. Der Forstarbeiter wirkte jedoch sehr motiviert und routiniert. Offenbar verstand er sein Handwerk. Was mich aber stutzig machte war, dass sein persönlicher Kräfteaufwand offenbar in keinem Verhältnis stand zu dem, was er letztlich schaffte. In Null-Komma-Nichts – so kam es mir jedenfalls vor – waren Bäume gesägt, gefällt und aus dem Wald gezogen. Ich kann nicht sagen, dass der Mann sich dabei verausgabt habe. Sein Anzug sah anschließend noch sehr sauber aus. Und trotzdem: Der hat richtig was geleistet. Nur – was war sein Geheimnis?

Das erste war nicht zu überhören: Der Mann hatte eine Kettensäge, die für ihn den Teil der Arbeit übernahm, der ihn eindeutig überfordert hätte – nämlich die Bäume durchzusägen. Wobei das erst ein Teil des Jobs war. Um die gefällten Baumstämme aus dem Wald zu bekommen, hatte er eine lange Kette. Während ich in sicherer Entfernung stand und zuschaute, erkannte ich, dass sie über eine Seilwinde lief, die auf einem Traktor befestigt war und von dessen Motor angetrieben wurde. Auf diesem saß ein anderer Mann mit einem kleinen Kind auf dem Schoß. Alles, was unser Forstarbeiter tun musste, war nun, die Eisenkette am Baum anzulegen, zur Seite zu treten und dem Kind auf dem Traktor ein Zeichen zu geben. Das Kind, auf dem Schoß seines Vaters sitzend, beauftragte daraufhin mit einem Fingerdruck den Motor, um die Seilwinde zu aktivieren, damit die Kette eingezogen wurde. Und fast wie nebenbei wurde der Baumstamm krachend und ächzend aus dem Wald gezogen. Der Traktor heulte nicht mal auf – keine Anzeichen von Anstrengung. Der war gerade mal warmgelaufen, als die Arbeit fertig war …! Das Ganze hat dort und damals sehr stark zu mir gesprochen. Solche kleinen Waldgottesdienste haben es in sich. Gott segne diesen Mann in Orange für seine Predigt in Grün. Die Kernaussage seiner Botschaft an mich war: Arbeiten und Arbeiten lassen! Lass Gott für dich das tun, was du nicht leisten kannst und nur er schafft. Und sei gleichzeitig bereit, das zu tun, wozu er dich befähigt hat und was er dir nicht abnehmen will.

Einige Jahre später. Ein Freund lädt mich zum Segeln ein und schmunzelt: „Du wirst sehen, das hat viel zu sagen übers Leben und den Glauben!" Recht hatte er. Nicht, dass sich der Katamaran von alleine segelt, aber es ist schon wirklich faszinierend, wenn man ordentlich Tempo macht, ohne dabei selbst zu rudern! Die wesentliche Arbeit leistet die unsichtbare Kraft des Windes. Der „bläst, wie er will", wie Jesus mal sagte und ihn mit dem Heiligen Geist vergleicht, der unsichtbaren Antriebskraft Gottes. Die Aufgabe des Seglers liegt darin, den Wind mit den Segeln entsprechend einzufangen und für sich arbeiten zu lassen. Außerdem das Boot zu steuern, die Regeln zu kennen und zu beherzigen – und ganz wichtig: das Abenteuer zu genießen! Zugegeben, so sehr man die Windkraft auch für sich arbeiten lässt, das Segeln kommt ohne uns nicht aus. Wir sind beständig gefordert, werden ordentlich nass und müde. Aber wir wären hoffnungslos überfordert, wollten wir den Wind ersetzen. Von Tempo könnte keine Rede sein, von Genuss erst recht zu schweigen!

Im letzten Kapitel des Hebräerbriefes lesen wir folgende Worte: „Der Gott des Friedens aber, der den großen Hirten der Schafe, unsern Herrn Jesus, von den Toten heraufgeführt hat durch das Blut des ewigen Bundes, der mache euch tüchtig in allem Guten, zu tun seinen Willen, und schaffe in uns, was ihm gefällt, durch Jesus Christus, welchem sei Ehre von Ewigkeit zu Ewigkeit!" (Hebr. 13,20–21).

Das nenne ich mal ein radikales „Er". Ein Bibelwort, das mich mit aller Wucht nach oben zieht, ganz und gar auf Gott verweist und mich aus der Eigendrehung herausnimmt. Es beginnt mit dem Gott des Friedens und endet damit, dass eben diesem Gott die Ehre gebührt von Ewigkeit zu Ewigkeit. An erster und oberster Stelle steht Gott. Mit seinem Wesen, seinem Willen und seinem Wirken. Wie der Traktor, der oberhalb des Forstarbeiters stand. Kann nicht mehr sagen, welche Marke und was für ein Motor. Der Text hier sagt uns aber, was für einen Gott wir haben. Es ist der Gott des Friedens und der ewige Gott. Der Gott, der sich durch Tod und Auferstehung Jesu mit uns verbindet. Was der für 'ne Power hat? Tja – seine Leistung kann man weder in PS noch in Kubik messen. Der hat nicht nur ein paar läppische Bäume aus dem Wald gezogen, der hat Jesus von den Toten heraufgeholt. Das ist doch mal 'ne Leistung! Und genau diese Kraft stellt er uns zur Verfügung. Er will diese Kraft an uns und für uns wirksam werden lassen. Eine unglaubliche Verheißung, die der Schreiber hier im Gebet für seine Leser in Anspruch nimmt.

Aber: Diese unendlich große Kraft dient einem unendlich hohen Ziel – sie ist zweckgewidmet. Es geht um *seinen Willen* und um das, *was ihm gefällt*! Und es geht darum, dass Er genau das in uns tut und bewirkt. Da stellen sich mir zwei Fragen: Was ist denn Gottes Wille und was gefällt ihm? Außerdem: Wenn er alles tut und wirkt – was bleibt da noch für mich zu tun?

Beides sind große Themen. Aber ein Blick in das gesamte Kapitel 13 des Hebräerbriefes, also in den unmittelbaren Kontext unseres Bibelwortes, kann uns weiterhelfen. Hier wird schon ziemlich deutlich, was Gott gefällt und was uns als Aufgaben zufällt:

Bleibt fest in der brüderlichen Liebe.
Gastfrei zu sein vergesst nicht.
Denkt an die Gefangenen.

Haltet die Ehe in Ehren.
Seid nicht geldgierig, sondern lasst euch genügen.
Denkt an eure Lehrer und Vorbilder und folgt ihrem Glauben nach.
Lasst euch nicht durch mancherlei Lehren umtreiben.
Gutes zu tun und mit anderen zu teilen vergesst nicht.
Betet für uns.

Ziemlich klar, was Gott von uns will!

Und trotzdem finden wir zum Abschluss des Kapitels kein Appell, das uns zu eigenen Bestleistungen auffordert. Vielmehr entdecken wir dieses wunderschöne Gebet über Gottes Wesen, seinen Willen und sein Wirken an uns, für uns und durch uns.

Einen Schlüsselsatz finden wir gleich zu Beginn von Vers 21. Man könnte hier von der göttlichen Arbeitstherapie reden. Oder auch vom passiven Aktivismus bzw. aktiver Passivität. Was meine ich damit? Schlachter übersetzt hier besser als Luther: „Er rüste euch völlig aus zu jedem guten Werk". Dahinter verbergen sich im griechischen Urtext zwei Schlüsselbegriffe: *Katartizo* und dann *Ergo*.

Das Wort *Ergo* kennen wir nicht zuletzt von „Ergotherapie", es meint durchaus handfeste Arbeit, also aktive Mitarbeit unsererseits. Das Prädikat „gut" wird ihr zugeordnet, weil sie dem Willen Gottes entspricht. Mit *Ergo* wird gefordert, was wir zu bieten haben.

Das andere Wort ist *Katartizo*. Dieses Wort steht am Anfang des Satzes. Anders als bei *Ergo* und beim lutherischen „tüchtig" schwingt da kein preußischer Tugendgeist mit. Ganz im Gegenteil: *Katartizo* weiß, dass wir selbst nicht haben, was wir brauchen, um Gottes Willen zu tun. *Katartizo* weiß genau, dass ich begrenzt bin, dass ich schuldig bin, dass ich unvollkommen bin. Aber es lässt mich dort nicht stehen. *Katartizo* füllt meinen Mangel aus. Es bedeutet eigentlich: *reparieren, herrichten, erneuern.* Etwas in einen ursprünglichen und vollkommenen Zustand versetzen.

Das ist göttliche Ergo-Therapie: Damit wir richtig arbeiten können, müssen wir erst einmal in seine Behandlung. Bevor wir arbeiten können *für ihn*, müssen wir Gott *für uns* arbeiten lassen. Bevor wir etwas anfassen, müssen wir erst mal etwas zulassen – Gott selbst! Gott will *durch* uns wirken. Aber erst, nachdem er *an* uns wirken konnte. Und an uns kann er nur wirken durch das, was er *für* uns gewirkt hat. Das Ganze noch einmal langsam und von vorn:

Vers 20 zeigt uns, was Gott *für* uns gewirkt hat. Er hat Jesus von den Toten auferweckt durch das Blut des Bundes. Da finden wir das Kreuz und die Auferstehung. Da finden wir den Gott, der Frieden schafft und einen Vertrag aufsetzt, den er mit dem Blut seines eigenen Sohnes unterschreibt. Das hat Gott in der Vergangenheit *für* uns getan. Ein für alle Mal! Das muss jedoch entsprechend *an* uns zur Anwendung kommen. Er hat seinen Sohn in den Tod gegeben, damit auch ich im Glauben *mit ihm* sterbe. Er hat seinen Sohn von den Toten auferweckt, damit auch ich im Glauben *mit ihm* lebe. *Katartizo* – Gott will an mir wirken. Alles, was ihn an mir stört, will er mit Christus begraben: meinen Stolz, meine Schuld, meine Angst, meinen Unglauben, meine Ansprüche, meine Erwartungen. Vor allem aber den Glauben, dass ich selber genüge! Gleichzeitig will er mir mit dem auferstandenen Christus alles schenken, was mir fehlt: seine Vergebung, seinen Heiligen Geist, seine Kraft.

Wenn Gott *an* mir gewirkt hat, was er mit Kreuz und Auferstehung *für* mich gewirkt hat, dann kann er auch *durch* mich bewirken, was ihm gefällt. Jetzt kommt unsere eigene *Ergo* ins Spiel; und die sehr praktischen Anweisungen in Kapitel 13. Aber eben erst jetzt!

Das nenne ich *SYNERGIE* – echte Zusammenarbeit, Kooperation. Aber dabei gibt es eine klare innere Ordnung: Zuerst der Zuspruch Gottes, dann sein Anspruch. Zuerst fördert er uns, bevor er fordert. Gott nimmt uns zuerst in die Arme, dann erst in die Pflicht! Offenbar hat Martin Luther, in Anlehnung an die alte Benediktinerregel „Ora et Labora“ den markanten Satz gesagt, der auf den Punkt bringt, worum es hier geht: „Bete (d. h. erwarte alles von Gott), als ob alles Arbeiten (d. h. eigene Tun) nichts hilft. Und arbeite (tue deinen Teil), als ob alles Beten nichts hilft!" Das eine jedoch nie losgelöst vom anderen!

Ich denke an das Geheimnis des Forstarbeiters in Orange: Wenn ich schon so einen Traktor mit so einer Leistung zur Verfügung habe, dann wäre ich doch blöd, den ersetzen zu wollen. Als ob ich das je könnte! Es ist vielmehr so ungemein entspannend, nicht Traktor sein zu müssen, sondern schlicht und einfach Forstarbeiter. Aber – ich darf mich Arbeiter nennen, obwohl die entscheidende Arbeitsleistung nicht von mir kommt. Da mir jedoch der schwerste Teil der Arbeit abgenommen wird, kann ich mich umso mehr auf meinen Teil konzentrieren. Nämlich die Kraft zur Anwendung kommen zu lassen, dabei die Regeln zu kennen und zu beherzigen, meinen Job gewissenhaft zu erledigen und – *last but not least* – das Abenteuer zu genießen! Dafür setze ich meine Ehre ein, so wahr ich Forstarbeiter heiße!

Bleiben für uns einige Fragen zur persönlichen Reflektion:

Wo habe ich diese Gelassenheit verloren, mich in falscher Aktivität verrannt und vergessen, Gott Gott sein zu lassen: für mich, an mir und durch mich?

Wo möchte ich mich wieder ganz neu von Gott beschenken lassen mit dem, was mir fehlt an Liebe, an Geduld, an Weisheit, an Ruhe, an Vergebung, an Reinheit, an Kraft, an Klarheit, an Mut?

Wo bin ich nachlässig geworden in der Arbeit, die Gott trotz allem von mir erwartet und durch mich tun möchte?

Glaubhaft leben!

Wir Christen und die Sache mit dem Salz

ENTWEDER NEHMEN UNSERE ZEITGENOSSEN UNS den Glauben ab, oder sie verlieren ihn erst recht. Glaubhaft leben bedeutet, dass der Glaube sich unmittelbar auf unser Leben und das unserer Mitmenschen auswirkt.

Jesus hat davon gesprochen, dass die Welt Licht und Salz nötig hat. Ganz konkret sagt er es seinen Nachfolgern so: „Ihr seid das Salz der Erde. Wenn nun das Salz nicht mehr salzt, womit soll man salzen? Es ist zu nichts mehr nütze, als dass man es wegschüttet und lässt es von den Leuten zertreten. Ihr seid das Licht der Welt. Es kann die Stadt, die auf einem Berge liegt, nicht verborgen sein. Man zündet auch nicht ein Licht an und setzt es unter einen Scheffel, sondern auf einen Leuchter; so leuchtet es allen, die im Hause sind. So lasst euer Licht leuchten vor den Leuten, damit sie eure guten Werke sehen und euren Vater im Himmel preisen“ (Mt. 5,13–16).

Jesus bringt sein Anliegen in Vers 16 sehr deutlich auf den Punkt. Lebt so, dass die Menschen von eurem Verhalten auf einen liebenden Gott im Himmel schließen können. Lebt so, dass alles Verleugnung Gottes zum Schweigen gebracht wird. Ähnlich drückt es später der Apostel Perus in seinem ersten Brief aus, in der Lutherübersetzung klingt es entsprechend würzig: „Lebt ein rechtschaffenes Leben, so dass die, die euch verleumden wollen, eure guten Werke sehen und Gott preisen … Das ist der Wille Gottes, dass ihr mit guten Taten den unwissenden und unverständigen Menschen das Maul stopft“ (1. Petr. 2,12+15).

Sowohl Jesus als auch Petrus sprechen von unseren „guten Werken". Nein, meine guten Taten bringen mich nicht in den Himmel. Jesus sagt viel mehr: Deine guten Werke sollen den Himmel auf die Erde holen und ihn für andere greifbar werden lassen. Wenn man es so pointiert sagen will: Unsere guten Werke sollen nicht uns, sondern den Mitmenschen in den Himmel bringen! Jesus verwendet zwei starke Bilder: Ihr seid *Licht*, weil die Welt sonst in geistlicher Umnachtung und im Nebel bleibt – ohne Wärme, ohne Orientierung, ohne Leben. Ihr seid aber auch *Salz* für die Erde … Da uns das Bild vom Licht vertrauter sein dürfte als die Bildrede vom Salz, wollen wir Letzterem hier ein wenig nachgehen. Hier eine kleine, biblische Studie, die sich „gesalzen" hat:

Salz gehört zunächst in die Suppe und dient zur Geschmacksregelung. Das lesen wir schon in Hiob 6,6: Essen ohne Salz ist fade. Als ob die Menschen im Alten Testament schon die schwäbischen Brezelbäcker kannten: ich habe von einem Altgedienten dieser Zunft persönlich gezeigt bekommen, wie man die macht. Auch da darf das Salz nicht fehlen. Allerdings wohldosiert – nicht zu viel und nicht zu wenig! Von den Brezeln zurück zur Suppen-Metapher: Die Suppe steht für vieles, was die Welt und unser Leben überhaupt zu bieten hat. Da steckt viel Gutes drin, eine g'schmackige Mischung. Aber ohne Salz fehlt das gewisse Etwas.

Salz ist außerdem Durst anregend. Wer viel Salz isst, wird durstig – und das ist wichtig für den Wasserhaushalt. Christen regen den Durst an. Wer sie erlebt, will mehr vom Leben!

Salz dient auch zur Reinigung und Schmutzabweisung. Fleisch wurde beispielsweise im alten Orient mit Salz eingerieben, um Bakterien abzutöten. Damit hat Salz auch eine erhaltende Wirkung. Salz wird zur Konservierung und Erhaltung von Lebensmitteln verwendet. Salz sorgt für nachhaltige Qualität und anhaltenden Geschmack. Dieses Bild verwendet Jesus für uns Christen und unseren Auftrag in dieser Welt. Wir haben die Funktion, einen erhaltenden und notwendigen Einfluss auf die Gesellschaft auszuüben, damit die Werte des Lebens erhalten bleiben. Deshalb sieht uns Jesus ja auch „in der Welt“ – damit wir in unseren Aufgaben und Funktionen diesen Einfluss geltend machen können.

Soweit einige erste, relativ offensichtliche Gedanken, die sich mit dem Salz verbinden. Wir finden aber noch andere Bedeutungen in der Bibel, die hier durchaus zum Tragen kommen.

In Markus 9,49–50 lesen wir zusätzliche Worte Jesu zum Thema: „… denn jeder wird mit Feuer gesalzen werden. Das Salz ist gut; wenn aber das Salz nicht mehr salzt, womit wird man›s würzen? Habt Salz bei euch und habt Frieden untereinander!“ Im Kontext dazu spricht Jesus von einer konsequenten und notwendigen Abkehr von der Sünde. Wie aber will Jesus seine Verwendung der Salz-Metapher hier konkret verstanden wissen? Dazu finden wir in Lev. 2,13 einen hilfreichen Hintergrund, wo einerseits vom „Salzopfer“ und dann auch vom „Salzbund“ die Rede ist.

Was wir hier vom *Salzopfer* lesen (Lev. 2,13a), verbindet sich mit dem Jesuswort „mit Feuer gesalzen werden“. Alle Speisopfergaben mussten im Alten Israel eingesalzt und damit gereinigt und vom Schmutz befreit werden. War das geschehen, konnten sie verbrannt werden! Feuer und Salz verbinden sich hier und sprechen eine gemeinsame Sprache: Sie stehen für Reinigung und Läuterung. Als Opfer sieht Jesus uns Christen und meint damit, dass unser Weg der Hingabe und Nachfolge durchaus mit einem Prozess der leidvollen Prüfung und der schmerzhaften Läuterung verbunden ist. Aber das Geheimnis der schweren Zeiten ist es ja gerade, dass wir dadurch echt und authentisch werden.

Im selben Zusammenhang wird dann auch der *Salzbund* erwähnt (Lev. 2,13b), der sich in seiner Bedeutung offenbar mit dem zweiten Teil des Jesuswortes in Mk. 9,50 verbindet. Im Orient galt (und gilt mitunter heute noch) der Salzbund als eine übliche Form der Gastfreundschaft und Brüderlichkeit. Indem man gemeinsam Brot und Salz aß, brachte man gegenseitige Loyalität und Verbundenheit zum Ausdruck. Wer mir Brot und Salz gereicht hat, der hat mir damit sozusagen eine Freikarte für seine Gastfreundschaft und seinen Schutz gewährt. Salz also als Geste tiefer Verbundenheit. Vor diesem Hintergrund hören wir Jesus sagen: „Habt Salz bei euch und habt Frieden untereinander!" Ein glaubhaftes Leben als Christ drückt sich in einem loyalen Miteinander und in einer Grundhaltung der Gastfreundschaft aus. Aber die Bedeutung geht noch tiefer, denn Gott ist es, der sich verbinden will und seine Gastfreundschaft zum Ausdruck bringt. Dafür braucht es, wie beim Salzbund, Brot und Salz. Von sich sagt Jesus, dass er das Brot des Lebens ist. Von denen, die an ihn glauben sagt er, dass sie das Salz sind. In unserer Verbundenheit mit Christus sind wir sozusagen die zweite Komponente, durch die die Welt in die Verbindung mit Gott kommen kann. Durch uns und unsere authentische Lebensgemeinschaft mit Jesus sollen Menschen eingeladen werden, zu schmecken, wie gastfreundlich Gott ist! Eine großartige Berufung!

Wenn wir sehen, welche Berufung sich mit unserer Identität als „Salz" verbindet, stellt sich natürlich die berechtigte Frage: Woher bitte die Kraft dazu nehmen? Gerade, weil wir all zu oft erleben, dass wir diesem Auftrag nicht entsprechen. Woher die Kraft nehmen, so ansteckend zu leben und so eine positive Wirkung auf meine Umwelt zu haben? Woher bitte die Kraft nehmen, im Leiden durchzuhalten und auch die schwierigen Zeiten zu ertragen?

Jesus geht in seinem Bildwort darauf ein und sagt, das Salz steht in Gefahr, seine innere Kraft zu verlieren. *Was meint Jesus mit dieser inneren Kraft?* Wenn es um die Bergpredigt geht, drängt sich diese Frage sowieso auf: Wer bitte soll in der Lage sein, das zu leben? Das ist ja alles gut, aber wie bitte lebe ich das? Erst mal Können vor lauter Scheitern …! Ich bin überzeugt, dass wir die Bergpredigt niemals vom Bergprediger loslösen können. Der einzige, der es schafft, diese Wirklichkeit auszuleben, ist Christus selbst. Und das Geheimnis unserer Kraft liegt nicht in dem, was wir selbst produzieren, sondern in dem, was Christus in uns und durch uns bewirken möchte. So wie es Paulus später sagt: „Ich lebe, doch nun nicht mehr ich, sondern Christus lebt in mir.“ (Gal. 2,21) Es ist Christus, den die Welt braucht. Es ist Christus, der durch uns zur Welt kommen möchte. Es ist Christus, der sich durch uns ausdrückt und mit uns das tut, was wir niemals allein schaffen würden. Deshalb ist mein Leben umso glaubhafter, je mehr ich im Glauben an Ihm hafte und Ihn zulasse – in mir, durch mich, trotz mir!

Aber was meint Jesus damit, wenn er vom Salz spricht, das seine Salzkraft verloren hat? Wie kann das geschehen?

Wenn Jesus hier von Salz spricht, dann denkt er nicht an das hochentwickelte Calcium Chlorid, das wir heute benutzen. Damals stellte Salz ein weißes Pulver dar, in dem zwar durchaus Anteile von reinem Salz enthalten waren, das sich aber mit anderen Mineralien verband, die zum Salzen nicht viel taugten. Nicht alles, was wie Salz aussah und seinen Namen trug, war wirklich Salz! Zusätzlich konnte das brauchbare Salz seine Kraft durch Wasser und andere Umwelteinflüsse gänzlich verlieren. In dem Fall war es unbrauchbar und wurde entsorgt. Übertragen auf mein Leben stellt Jesus damit wesentliche Fragen: Bin ich Salz oder doch nur Christ dem Namen nach? Trage ich die wahre Salzkraft in mir bzw. lebt Christus durch seinen Geist schon in mir? Jesus verlangt uns nie etwas ab, was er uns nicht selbst schenkt. Ihn gilt es, in mir und durch mich wirken zu lassen.

Bleibt trotzdem noch die Frage, auch für wiedergeborene Menschen: Wieviel von Christus lasse ich zu? Und wieviel Eigenes mischt sich gern in die Substanz? Nur was wirklich von Jesus her gewirkt wird, zeigt kraftvolle Wirkung! In dieser Erkenntnis liegt das Geheimnis wahrer Glaubhaftigkeit und eines authentischen Zeugnisses. Ich bin nicht glaubwürdig, wenn ich so tue, als hätte ich keine Probleme. Sondern wenn ich diese vielmehr zugebe und zeige, dass ich Christus brauche. Ich bin nicht glaubwürdig, wenn ich ein so aalglattes, sorgenfreies und sündloses Dasein führe, dass ich anderen nur ein schlechtes Gewissen mache. Sondern wenn andere merken: Der hat Christus nötig – auch zu seiner Vergebung und Veränderung. Ich bin glaubwürdig, wenn mein ganzes Leben ein ständiges Verweisen auf den ist, den ich rundum nötig habe! Darin liegt das Geheimnis des Salzes.

Also – die Suppe ruft nach Salz, so wie die Welt nach unserem Zeugnis! Aber die Suppe ruft nach echtem Salz, nicht nach einem billigen Pseudo-Pulver! Frage an uns: Wie steht es um unsere innere Kraft und Wirklichkeit? Wieviel von der frommen Erscheinung ist echte Frömmigkeit? Ziel des Ganzen war noch mal: „Dass die Menschen eure gute Werke sehen und euren Vater im Himmel preisen". Das ist Ziel und auch Test unseres Glaubens. Kommen die Menschen über Gott ins Staunen? Bringen wir unseren himmlischen Vater auf gute Weise ins Gespräch?

Starke Typen

Gute Vorbilder und das Geheimnis geistlicher Leitungsstärke[1]

VOR EINIGER ZEIT GAB ES in Deutschland eine rege Polit-Debatte rund um den amtierenden Bundespräsidenten. Auch wenn die Medienschlacht höchst unerfreuliche Blüten trieb und sehr viel unnütze Energie verbrauchte, konnte ich dem Ganzen mindestens ein Gutes abringen: die Bedeutung guter Vorbilder wurde rege und öffentlich diskutiert. Wie lauter die Motive dafür in dem konkreten Fall auch immer gewesen sein mögen – der Ruf nach Menschen, die gute Werte verkörpern und unser Vertrauen verdienen, ist grundsätzlich berechtigt und fordert nicht zuletzt uns Christen heraus.

Immer und immer wieder betont die Bibel den Wert guter Vorbilder. Entweder als Geschenk, von dem wir selbst profitieren oder als Aufgabe und Verantwortung – denn unser Leben soll anderen Menschen als nachstrebenswertes Beispiel dienen. Wenn das Neue Testament von Vorbildern redet, verwendet es gerne den griechischen Begriff „tupos". Das birgt die Idee eines Abdrucks – einer Form, die sich irgendwo einprägt. Wie Fußspuren im Schnee oder Buchstaben bzw. Zeichen beim Buchdruck. Vorbilder sind demnach Menschen, die starken Eindruck hinterlassen. „Typen", die das Leben und Denken anderer Menschen entscheidend mitprägen. Durch

1 Dieses Kapitel erschien ursprünglich als Artikel in der Zeitschrift *Licht im Osten*, Ausgabe 1/2012.

das was sie sagen, vielmehr aber durch ihr Leben. Man eifert ihnen nach – oftmals auch unbewusst!

Wir Menschen leben und lernen von Vorbildern, darauf sind wir angelegt! Das gilt nicht zuletzt auch für das Leben in der Nachfolge Christi. Umso tragischer ist der eklatante Mangel an guten Vorbildern, sowohl in unserer Gesellschaft als auch in der Christenheit. Ich will mich nicht lange beim Trauergesang aufhalten, aber gänzlich schweigen darf er auch nicht. Denn unsere Welt schreit in ihrer Orientierungslosigkeit nach Menschen, die mutig vorangehen. Eine zunehmend vaterlose Generation sehnt sich nach hilfreichen Leitfiguren, denen man gern nacheifert. Dabei geht es gar nicht mal um Erfolg, Charisma oder besondere Stärken. Es würden schon Menschen reichen, die uns vormachen, wie man erfolgreich scheitert bzw. mit den Tücken des Lebens fertig wird. Gefragt sind sozusagen Papas und Politiker, die mit Pleiten, Pech und Pannen so umgehen, dass sie dabei weder ihre Würde noch ihre Glaubwürdigkeit verlieren.

Gerade auch im geistlichen Leben braucht es solche „Typen". Die Zukunft der Gemeinde Jesu und des christlichen Zeugnisses für diese Welt entscheidet sich nicht zuletzt daran, ob die nächsten Generationen nachhaltige Vorbilder und glaubwürdige Lebensmodelle haben werden. Grund genug, sich an dieser Stelle Gedanken über den Wert guter Vorbilder zu machen.

Wem verdanke ich meine Werte, mein Denken, meine Gewohnheiten? Wo wäre ich persönlich heute ohne viele Menschen, die sich in mein Leben und meine Entwicklung investiert haben? Erst kürzlich wurde ich gefragt, welche drei Personen mein Leben besonders geprägt haben. Ich konnte spontan drei geistliche Väter bzw. Mentoren nennen. Mein leiblicher Vater gehört dazu, wofür ich ausgesprochen dankbar bin!

Wir kommen nicht von ungefähr! Dementsprechend regt uns die Bibel beständig dazu an, geschichtsbewusst zu leben – die „Galerie der Glaubensvorbilder" in Hebräer 11 ist eines der markantesten Beispiele dafür. „Schau genau hin und mach es ihnen nach", lautet die Moral von diesen Geschichten. Und mit einem alten Jungscharlied können wir antworten: „Lass mich an dich glauben, wie Abraham (Daniel, Simeon …) es tat …!" Es darf als eine gesunde, geistliche Übung gewertet werden, regelmäßig innezuhalten und eine aktive Dankbarkeit für gute Vorbilder zu pflegen.

Meine Frau hat diese Tage erst eine unverhoffte Auszeit genutzt, um zwanzig Briefe zu schreiben an Personen, denen sie für ihren positiven Einfluss auf ihr Leben danken wollte. Die Dankesbriefe ergingen an ausgesprochen unterschiedliche Personen, auch väterliche Begleiter. Nicht alle Beziehungen haben sich über die Jahre gehalten, manche sind heute völlig anders gelagert. Aber das ist okay – wichtig war meiner Frau die dankbare Erkenntnis, dass Gott ihr für jede Phase ihres (geistlichen) Lebens die notwendigen Vorbilder und Begleiter geschenkt hat.

„Denkt an eure Lehrer, die euch das Wort Gottes gesagt haben; schaut den Ausgang ihres Lebens an und folgt ihrem Glauben nach." Dieses Leitwort aus Hebräer 13,7 lese ich an der Pinnwand über meinem Schreibtisch. Dort kommentiert es ein altes Foto, auf dem vier englischsprachige, geistliche Lehrer zu sehen sind, die meine persönliche Glaubensentwicklung mitgeprägt haben: einer davon ist Major Ian Thomas, der Gründer von „Torchbearers International", ein anderer L. A. T. van Dooren, der erste Bibelschulleiter der „Fackelträger" überhaupt. Inzwischen sind sie allesamt verstorben und bei Jesus, einen von ihnen habe ich nie persönlich getroffen, zehre aber regelmäßig von seinen biblischen Auslegungen, die weite Verbreitung gefunden haben. Ich bin Gott sehr dankbar für das geistliche Erbe, das er mir (und vielen anderen) mit diesen Männern geschenkt hat. Allerdings war es eher die von ihnen geprägte Nachfolge-Generation, die ich viel unmittelbarer erlebt habe und durch die sich dieses geistliche Erbgut tief in mich einprägte.

Wir kommen nicht von ungefähr – und in bin dankbar, dankbar sein zu dürfen für meine geistliche Herkunft – die übrigens nicht mit den Fackelträgern begann, sondern schon viel früher in meiner Familie, mit tiefgläubigen Eltern und älteren Geschwistern als Vorbildern; in einer Gemeinde, die mir das Wort Gottes und das „Priestertum aller Gläubigen" vertraut gemacht hat – und auf vielen christlichen Freizeiten! Was wäre ich außerdem ohne bestimmte Lehrer während meiner theologischen Ausbildung, die mein Denken entscheidend geprägt haben; wo wäre ich ohne so manche Christen, die mir in ihrer geistlichen Reife zwar meilenweit voraus waren, mich aber nah genug an sich heranließen, damit ich sehr genau hinschauen konnte? Ich sah sie beten, hörte sie predigen, beobachtete sie im Umgang mit ihren Ehepartnern und Kindern. Viele von ihnen waren stark genug, auch ihre Schwächen nicht vor mir zu verbergen.

Ein gesunder, starker Glaube lebt also von „starken Typen", an denen wir uns orientieren. Und davon, dass wir die Dankbarkeit dafür wach halten und pflegen. Genauso aber nährt sich unser geistliches Leben auch von der Verantwortung, selbst Vorbild zu sein. Alles was wir gelernt haben und geworden sind, gilt es an andere Menschen weiterzugeben; wir sind berufen, durchlässig zu sein. So war es immer schon gemeint, so ist es gesund und gut – nicht zuletzt für uns selbst. Denn wer sich verschenkt und in andere Menschen investiert, wird selbst bereichert und bleibt frisch!

Besonders christliche Verantwortungsträger sind zu Vorbildern berufen. Wenn es bei den Aposteln darum ging, Leiter einzusetzen, dann suchten sie nach „starken Typen", nach Personen, deren Leben als glaubwürdige Leitmodelle dienen konnten.

Natürlich gibt es auch im Blick auf geistliche Leiterschaft berechtigte und notwendige Fragen nach Struktur, Strategie und dem nötigen Handwerkszeug für Leiter. Am Ende aber gilt es, die Frage geistlicher Vollmacht zu klären. Und da ist die Bibel eindeutig: Leitungsvollmacht verbindet sich aufs Engste mit der Kraft des Vorbilds.

Immer wieder sehe ich mich in meiner eigenen Leitungsarbeit durch die Worte von Petrus herausgefordert: „Weidet die Herde Gottes, die euch anvertraut ist … nicht als solche, die über das Anvertraute herrschen, sondern als Vorbilder der Herde“ (1. Petr. 5,2–3).

Darum geht es – um die Autorität des guten Vorbilds. Davon hängt Segen und gesunde geistliche Entwicklung ab. Vom glaubwürdigen Zeugnis der Christen in unserer Welt ganz zu schweigen. Kein Wunder also, dass sich Paulus selbst so verstand (Phil. 3,17; 2. Thess. 3,9) und die Vorbildverantwortung auch seinem Schüler Timotheus auftrug, in dessen Leben und Dienst er sich selbst besonders investiert hatte (1. Tim 4,12).

Das Urbild allen christlichen Lebens ist und bleibt aber Jesus Christus selbst. Er verkörpert all das, worum es im geistlichen Leben geht. Und deshalb kommt auch unser eigenes Vorbild niemals ohne ihn aus. Was es heute mehr denn je braucht sind Menschen, die von diesem Christus durchdrungen sind und sich von ihm erneuern, verändern und prägen lassen. Menschen, die als „Abbilder“ Jesu zu relevanten und glaubwürdigen Vorbildern für andere werden.

Wie gut, dass der nächste Vers nach Hebräer 13,7 lautet: „Jesus Christus ist derselbe, gestern, heute und in alle Ewigkeiten“ (V. 8). So wertvoll gute Vorbilder sind – letzte Garantien gibt uns kein Mensch. „Christen können enttäuschen, Christus nie!“ Wenn alle anderen Vorbilder wanken – wir selbst inklusive – dann gilt es sich immer und immer wieder neu an diesem Christus zu orientieren, der das Ebenbild des unsichtbaren Gottes ist und somit alles verkörpert, wofür Gott steht und was ihm wichtig ist.

Schule? Gnade!

Der Titusbrief und die himmlisch-heilsame Pädagogik

LANGE HABE ICH DEN TITUSBRIEF völlig unterschätzt und sträflich ignoriert. Bis ich irgendwie auf ihn stieß und von seiner Bedeutung und Relevanz ehrlich überrascht wurde. Martin Luther sagte über den Titusbrief: *„Dieser Brief ist zwar eine kurze aber dennoch präzise Quintessenz christlicher Lehre und in einer derart meisterhaften Art verfasst, dass er alles beinhaltet, was für Lehre und Leben des Christen nötig ist.“*

Eigentlich wurde der Titusbrief von Paulus an einen jungen christlichen Leiter auf der Insel Kreta geschrieben. Titus war mit Paulus dort auf Missionseinsatz gewesen und sah sich nun in der Verantwortung, vor Ort für eine gesunde, geistliche Nacharbeit zu sorgen. Darin unterstützte ihn Paulus mit seinem Brief. Für Titus' Suche nach geistlichen Leitern unter den Christen auf Kreta nennt der Apostel hier entsprechende Auswahlkriterien. Was sich konkret als Worte an Leiter liest, darf allen Christen als Leitworte für Leben und Glauben dienen.

Paulus war lange genug auf der Insel Kreta gewesen, um beim Schreiben des Briefes zu wissen, mit was für Menschen es Titus dort zu tun hatte. Kreta wurde als „Wiege der abendländischen Kultur“ bezeichnet, war also kulturell hoch entwickelt; das hinderte die Menschen allerdings nicht daran, sich moralisch wie die Barbaren zu benehmen. Paulus findet keine sehr schmeichelhafte Worte für den Charakter der Kreter, wenn er einen Philosophen zitiert:

„Kreter sind immer Lügner, wilde Tiere und faule Bäuche“ (1,13). Der Ruf der Kreter war mehr als schlecht. Auch wenn sie sich offiziell an die griechischen Götter hielten, war ihr eigentlicher Gott das Geld. Man könnte sagen, Gewinnmaximierung war das oberste Gebot der Kreter. Wie du dran kommst, war schlichtweg egal. Mich lässt der Eindruck nicht los, dass wir in einer Zeit leben, die sich nicht allzu sehr davon unterscheidet. Das Abendland hat gewiss eine Menge geleistet. Aber es scheint, als haben viele der guten abendländischen Werte bereits „Gute Nacht“ gesagt und sich in die Barbarei verabschiedet.

Tja, wenn man nun Paulus gefragt hätte, was die *Menschen* in Kreta brauchen, dann hätte der Apostel keinen Augenblick gezögert zu sagen: die brauchen einen Erlöser! Deshalb war er ja zum Missionseinsatz dort gewesen und hatte ihnen das Evangelium gepredigt. Und wie das halt so ist: Das Wort Gottes bewirkte, wozu es gegeben war; Menschen auf Kreta wurden Christen. Das war großartig.

Wenn man nun aber den Paulus fragt, was die *Christen* auf Kreta brauchen – da muss er auch nicht lange nachdenken: Die größte Herausforderung der Christen auf Kreta war es, einen neuen Charakter zu entwickeln. Eine Lebensweise zu lernen, die dem Evangelium von Jesus Christus entspricht. Die tief eingeschliffenen, von der Sünde geprägten Verhaltensmuster zu überwinden und z. B. einen neuen Umgang mit Geld zu finden. Einfach anders zu leben, als es die Gesellschaft vorgibt. Darum ging es Paulus. Und deshalb schreibt er auch diesen Brief.

Das Glaubensbekenntnis ist schnell gelernt, die Liedtexte hat man auch bald drauf und sich in christlichen Aktivitäten zu verzetteln ist, auch keine Kunst. *Wie aber lernt der junge Christ, anders zu leben?* Eigentlich schreibt Paulus in diesem Brief auffällig oft von den „schönen Werken“. Wohlgemerkt – nicht von „guten Werken“, sondern von einem auffallend schönen Leben. Wir Männer wissen, wie das ist, wenn sich eine Schönheit von ihrem Umfeld abhebt. Man tut sich schwer, nicht anzuhalten und hinterherzuschauen …! Die Frauen haben wiederum ihr eigenes Verständnis von Schönheit – diese entdecken sie gerne hinter einem Schaufenster – und dann versuch mal, sie davon weg zu kriegen! Paulus hat ein großartiges Ziel: Christen sollen ein derart schönes Leben führen, dass man die Augen nicht von ihnen lassen kann. Sie sollen zeigen, dass das Evangelium eine Kraft ist, die einen Menschen regelrecht umkrempeln kann. Christen sollten echte „Hingucker" werden! Mit anderen Worten: Es ist eine Sache, dass das Evangelium gottlosen Menschen hilft, in den Himmel zu kommen. Eine andere Frage aber ist: *Wie kommt der Himmel in den Menschen und durch die Christen in die Welt?* In dem Zusammenhang lässt mich eine Aussage des Paulus im Kapitel 2,11 nicht los: „… denn die heilsame Gnade Gottes ist erschienen allen Menschen und nimmt uns in Zucht." Dem will ich hier ein wenig nachgehen.

Dass die Gnade Gottes uns „rettet" – das finde ich einleuchtend. Mit Gnade verbinde ich meist das, was Paulus dann in Kapitel drei so super schreibt: „… denn die Freundlichkeit und Menschenliebe Gottes ist erschienen und *erlöst uns …, sie reinigt uns … und sie rechtfertigt uns …*" Aber ich habe Gnade lange nicht damit in Verbindung gebracht, dass sie mich „in die Zucht" nimmt, wie Luther es übersetzt. Eigentlich aber verwendet Paulus hier das griechische Wort für „Pädagogik". Die Gnade Gottes ist unser Pädagoge, unser Lehrer. Die Gnade nimmt uns in die Schule.

Das will mir zunächst nicht einleuchten. Ich weiß nicht, ob überhaupt irgendwer von uns auf den Gedanken käme, bei Gnade an einen Lehrer zu denken. Wenn ich Gnade überhaupt mit einem Lehrer verbinde, dann mit dem, der mir statt einer verdienten 5 eine 3+ gibt. Paulus aber verbindet die Gnade mit einem Lehrer, der mir nicht nur eine bessere Note gibt als ich verdient hätte (Erlösung!), sondern der mich dann auch nach der Stunde zur Seite nimmt und sagt: *Komm, wir beide setzen uns mal zusammen. Ich will wissen, warum das bei dir so hapert. Und ich biete dir an: wir lernen miteinander und ich helfe dir, beim nächsten Mal, bessere Ergebnisse zu kriegen.* Eine tolle Entdeckung: Die Gnade erlöst mich nicht nur, sie erzieht mich auch. Das ist vielleicht überhaupt das bessere Wort, denn der Pädagoge ist mehr als der Lehrer – er ist der Erzieher. Dem geht es weniger um mein Wissen als um mein Leben, weniger um meinen Intellekt als um meinen Charakter und mein Gewissen. Der will mir helfen, richtig zu leben. Wie aber um alles in der Welt geht das? Wie sieht das aus, wenn die Gnade uns in die Schule nimmt, wenn sie uns erzieht und lebensfähig macht? Ich möchte zwei Fragen stellen, auf die Paulus hier Antworten gibt: Was macht die Erziehung aus? Was macht die Gnade aus?

Was macht die Erziehung aus?

Gibt es einen Lehrplan? Ein Leitmotiv? Eine Methodik? Ich glaube schon!

Einen Lehrplan finden wir in Kapitel 2. Ein Gang durch das Kapitel ist fast wie eine Führung durch die Schule der Gnade. Da kommst du von Klasse zu Klasse und merkst: Der Lehrstoff wird offenbar sehr individuell und zielgruppengerecht vermittelt. Du machst die erste Tür auf und siehst lauter alte Männer; gehst zur nächsten Tür und entdeckst ältere Frauen. Und dann fragst du mal nach: Was machen denn die gereiften Semester noch hier? Wie lange gilt denn die Schulpflicht? Hört die nicht mit spätestens fünfzig auf? Hat man denn nie ausgelernt? Nein sagt Paulus – als Christ lernst du nie aus. Und wer glaubt, er habe schon alles begriffen, der hat wahrscheinlich noch gar nicht richtig angefangen, zu lernen.

Auf der Runde durch weitere Klassen merkst du: in der einen sitzen junge Frauen, in der anderen die jungen Männer – schön sittsam getrennt. Dann eine Klasse für die Sklaven, eine andere für die Bürger (Kap. 3,1–2). Und jede Klasse hat ihren eigenen Stoff, ihren eigenen Lehrplan. Jeder hat seine eigene Lektion zu lernen. Je nach Alter und Geschlecht. Je nach Beruf oder gesellschaftlicher Stellung. Der Lehrplan in der Schule der Gnade ist also zielgruppengerecht zugeschnitten!

Dann hat jede gute Schule aber auch ein sauber formuliertes *Leitmotiv*. Paulus – wenn du insgesamt zusammenfassen würdest, was in dieser Schule gelehrt wird, was wäre das? Der Apostel würde wohl auf Kapitel 2,12 verweisen: „… damit wir absagen dem ungöttlichen Wesen und den weltlichen Begierden und besonnen, gerecht und fromm in dieser Welt leben." Das ist doch was: „Besonnen, gerecht und fromm leben"! Die drei Säulen der göttlichen Pädagogik. Was steckt da drin? „Besonnen" ist der Wortbedeutung nach der Mensch, der gelernt hat, seine Sinne im Griff zu haben. Der lässt sich seine Sinne nicht rauben und zweckentfremden. Wer besonnen lebt, der weiß, dass er sich nicht von seinen Emotionen bestimmen lassen darf, vielmehr aber von einem gesunden Denken. „Gerecht" ist der, der gelernt hat, anderen Menschen zukommen zu lassen, was ihnen zusteht bzw. was Gott ihnen zugedacht hat; sei es Wertschätzung, Vergebung oder Treue! „Fromm" ist derjenige, der gelernt hat, sich in allen Dingen ganz vom Willen Gottes abhängig zu machen und so zu leben, dass Gott sich daran freut.

Ein sehr klares Leitmotiv also. Und das setzt sich dann in den verschiedenen Klassen dieser Schule dementsprechend um. Die alten Männer lernen, die Selbstachtung nicht zu verlieren, sich nicht gehen zu lassen und „durchzuhalten". Die Mütter lernen in Bezug auf ihre Verantwortung in der Familie, die Sklaven lernen für ihr Arbeitsleben, die Bürger für ihren Umgang mit dem Staat. Alle kriegen ihre Lektion ab.

Und die *Methodik*? Die steckt mit in dem Leitmotiv drin. Es geht darum, „abzusagen dem ungöttlichen Wesen und den weltlichen Begierden." Das ist wie bei dem Bildhauer bzw. Steinmetz, der gefragt wurde: „Wie kommen Sie eigentlich zu ihren Formen und Figuren?" „Ganz einfach", war die Antwort: „Ich haue alles weg, was nicht der Vorlage entspricht." So auch hier – wir lernen als Christen, „Nein" zu sagen. Eins der schwersten Worte überhaupt. Nein zu allem, was Gott widerstrebt. Sich im Alltag immer wieder zu fragen:

Freut sich Gott daran? Tut es mir und anderen wirklich gut? Oder, in einer jugendlicheren Version: WWJD? *What would Jesus do?*

In der Schule der Gnade lernen wir als Christen, je nachdem „Ja“ und „Nein“ zu sagen. Aber wir lernen das nicht immer auf die sanfte Tour. Wenn es darum geht, einen christlichen Charakter zu entwickeln, dann kommen wir offenbar um die unangenehmen Lektionen nicht herum. Und blöderweise auch nicht um die Tests und Prüfungen. Auf die kann auch die Gnade nicht verzichten. Und ganz ehrlich: Wenn es die Tests nicht gäbe – wieviel würden wir Schüler wirklich lernen? Wie war das bei dem Steinmetz? „Ich schlage alles ab, was der Vorlage nicht entspricht.“ Wenn dich das nächste Mal der Schlag trifft, dann denke daran – es tut zwar nicht gut, aber es kann Gutes bewirken in deinem Leben.

Das griechische Wort, das Paulus hier verwendet für die „Erziehung“ der Gnade, wird im Neuen Testament öfter verwendet; wenn es nicht grade mit „schlagen“ wiedergegeben wird, dann mit „zurechtweisen“ oder „züchtigen“. Und es wird für Gott verwendet, der seine Kinder maßregelt und diszipliniert. Dabei steht seine gute und liebevolle Absicht aber nie zur Debatte: „…damit wir an seiner Heiligkeit Anteil erlangen“ (Hebr. 12,10). Gott meint es gut mit uns. Er will, dass wir werden wie Jesus. Aber das scheint ihn nicht davon abzuhalten, uns auch Schmerzen und so manche Niedergeschlagenheit zuzumuten. Das ist offenbar Teil seiner göttlichen Methodik.

Natürlich stellt sich in solchen Fällen oft die Frage: Wem sind unsere Krisen zuzuschreiben? Uns selbst, anderen Menschen – oder Gott? Hat er mir diese Probleme nun geschickt, oder zumindest zugelassen? Das wäre ein eigenes Thema. Aber eins sehen wir: Um dem Leitmotiv nachzukommen und den Lehrplan zu schaffen, geht es in der Schule der Gnade offenbar nicht ohne unangenehme Erfahrungen. Ich muss lernen, „Nein“ zur Sünde zu sagen und „Ja“ zu den Krisen. Aber lernen eben – das kommt nicht von allein!

Bei allem dürfen wir nie vergessen: Als Christen befinden wir uns nicht bei irgendeinem Lehrer in der Schule. Wir sind Schüler der Gnade!

Was aber macht die Gnade aus?

Gnade ist es, weil wir die Schüler sind. Dass wir überhaupt aufgenommen wurden in die Schule. Wir haben die Aufnahmeprüfung eigentlich nicht bestanden. Das macht Paulus in Kapitel 3 klar. Wir waren alles andere als passende Kandidaten für diese Schule. Und trotzdem sind wir aufgenommen worden. Angenommen! *Jesus, zu dir darf ich so kommen, wie ich bin!* Gnade ist es, weil der Lehrer unser himmlischer Erlöser und Vater ist. Dessen Motiv immer seine bedingungslose Liebe zu uns ist. Der nur eines will: nämlich unser Bestes.

Gnade ist es, weil Gnade eben so viel mehr ist als ein abstrakter, theologischer Begriff. Gnade ist „erschienen" – sie hat Gestalt gewonnen, sie ist Person geworden. Gnade hat Hand und Fuß bekommen – mit Jesus Christus. Er ist alles, was wir sein sollen. Deshalb ist es auch Gnade, weil unser Lehrer (Jesus) zugleich unser irdischer Freund und Vorbild ist. Dem niemand etwas vormachen kann – denn er hat selbst alles durchgemacht. Jesus selbst ist diese Schule durchlaufen. Und er hat uns ein Vorbild hinterlassen, an dem wir uns orientieren können.

Gnade ist es, weil Jesus nicht nur das Vorbild für unser Leben ist, sondern zugleich auch die Kraft, die uns ermöglicht, so zu leben. Gnade ist es, weil die Schule mich lehrt, Jesus durch seinen guten heiligen Geist schaffen zu lassen, was ich ohne ihn einfach nicht schaffe.

Es gilt, die Schulbank weiter zu drücken. In welcher Klasse auch immer wir gerade stecken oder welche Prüfungen auf uns warten. Der Titusbrief endet mit einem Gruß, den wir für uns hören dürfen, mit allem, was er in sich birgt: *Die Gnade sei mit euch allen!*

Schön, gesund & selig

Eine buchstäbliche Verführung zum Denken und Danken!

ES IST OFTMALS ERHELLEND, BEWUSST über die Worte nachzudenken, die wir sprechen. Denn unsere Sprache verrät viel. Übrigens hat das deutsche Wort „Danken" sprachlich mit „Denken" zu tun. Man denkt sich etwas dabei, wenn man dankt ...! Ich erlaube mir, uns hier buchstäblich in Versuchung zu führen!

Woran erinnert das italienische *Grazie*? Wenn man der ursprünglichen Wortbedeutung nachgeht, kommt man zunächst auf die Anmut. Und tatsächlich – Dankbarkeit hat viel mit Anmut zu tun. Sie steht uns einfach gut und kleidet prächtig! Dankbarkeit ist ein echter Hingucker, sie macht den Menschen schön!

Mehr als das: Dankbarkeit ist gesund – die Psychologen bestätigen uns, dass Dankbarkeit mit die gesündeste aller menschlichen Empfindungen ist. In der Stressforschung kam man nach vielen Experimenten und Forschungen zu dem Ergebnis: Dankbarkeit produziert mehr positive Energie als irgendeine andere Emotion im Leben! „Grazie" also – schön und gesund macht es, dankbar zu sein!

Aber der Italiener sagt mit „Grazie" noch mehr – da steckt nämlich auch die Bedeutung des französischen *Merci* drin: Gnade, Barmherzigkeit! Ist doch interessant. Das sagt man: „Gnade" und meint „Danke"! Denn man weiß sich begnadet, unverdient beschenkt! Darin liegt ja gerade die Grazie, die Anmut: Ich bekenne, dass ich mir selber nicht genug bin. Dass nicht alles mit mir beginnt; ich weiß mich begnadet, beschenkt. Ich bin Empfänger! Dazu lebe ich, das ist mein Wesen – alles was ich bin und habe, verdanke ich nicht mir, sondern anderen. Und andere leben davon, dass ich weiterschenke. Schon die Bibel weiß das (1.Kor. 4,7): „Was habt ihr, was ihr nicht empfangen habt? Und warum tut ihr so, als hättet ihr es euch selbst zu verdanken?"

Diese Ausrichtung auf das Gegenüber kommt übrigens noch besser durch, wenn man auf Englisch „Danke" sagt: *Thank you!* Danke dir! Ich verdanke mich und meine Begnadung einem Gegenüber! Dankbarkeit richtet mich in positiver Weise auf ein Gegenüber aus. Deshalb ist Dankbarkeit nicht nur psychologisch gesund, sondern auch sozial wertvoll. Dankbare Menschen sind sehr angenehme Zeitgenossen. Denn Dankbarkeit ist das Gegenteil von Unzufriedenheit und Jammern. Menschen, die sich beständig beschweren, saugen dich förmlich aus. Dankbare Menschen hat man einfach gerne um sich. Mit denen lebt es sich angenehm. Ein schlichtes „Danke" kann Türen und Herzen öffnen. Versuche mal, ohne Sprachkenntnisse durch ein Land zu reisen, wie ich vor Jahren durch Russland. Kaum einer spricht Deutsch oder Englisch. Und dann überall nur die kyrillischen Straßenschilder. Eins der wenigen Worte, die ich im Reisegepäck hatte, war *Spassibo* – das russische „Danke". Hochinteressant, was das bewirkte: die Gesichter meiner Gegenüber gingen ebenso auf wie manche Türen…! Ein freundliches und schlichtes „Danke" ist ein Schlüssel zum gelungenen Umgang mit anderen Menschen.

GRAZIE. MERCI, THANK YOU! Unsere Sprache verrät viel. Und dann erst, wie soeben schon erwähnt, das russische Wort, *SPASSIBO*. Wörtlich übersetzt heißt es: Gnade mir Gott! Erlöse mich Gott, erbarme dich meiner!

Das beschreibt die höchste Stufe der Dankbarkeit. Es reißt uns in die Vertikale und erinnert uns an die tiefste Wahrheit über uns. Wir verdanken uns Gott mit allem was wir sind und haben. Wir sind auf ihn als unser ultimatives Gegenüber angelegt. Darin finden wir unsere Grazie und Schönheit.

Wir leben von Gottes Gnaden. „Alle guten Gaben, alles was wir haben, kommt o Gott von dir, wir danken dir dafür!" Es ist seine Gnade, dass es uns gibt und immer noch gibt! So sagt es auch die Bibel in klarer Weise! Dankbarkeit ist die Grundlage, auf der wir zu Gott kommen. Es ist der Türöffner zu Gott. Deshalb lesen wir auch in Psalm 100,4: „Kommt in sein Tor mit dankbaren Herzen, kommt in den Vorhof mit Lobgesang."

Kein Wunder also, dass uns die Bibel reichlich zur Dankbarkeit auffordert. „Dankt Gott, dem Vater, zu jeder Zeit für alles im Namen unseres Herrn Jesus Christus" (Eph. 5,20); „Was immer auch geschieht, seid dankbar, denn das ist Gottes Wille für euch, die ihr Christus Jesus gehört" (1. Thess. 5,18); „Sorgt euch um nichts, sondern in allen Dingen lasst eure Bitten mit Danksagung vor Gott kundwerden" (Phil. 4,6).

Wenn wir das ein wenig ordnen, dann kommen wir auf drei Arten, sozusagen *drei Wesenszüge der Dankbarkeit*:

Da ist zunächst eine *natürliche Danksagung* – die Gottes Fürsorge und Schutz dankbar zur Kenntnis und in Anspruch nimmt.

Dann eine *unnatürliche Art der Danksagung* – die Gottes Gegenwart dankbar in Anspruch nimmt, auch wenn sich in uns alles andere als dankbare Instinkte melden.

Und schließlich geht es um *übernatürliche Danksagung …*

Natürliche Danksagung

Es gibt Dankbarkeit Gott gegenüber, die auf der Hand liegt und sehr natürlich ist. Dankbarkeit für die Gnade der Schöpfung, für alles, was uns Gott mit der Natur gegeben hat… Riecht doch nur, bestaunt das neue aufbrechende Leben im Frühling. Unsere reiche Ernte hier im Land jedes Jahr; die Berge, die Sonne, die Luft, das Wasser…! Wir verdanken uns auf ganz natürliche Weise dem, was Gott uns mit der Schöpfung geschenkt hat. Gott sorgt für uns, Gott schützt uns. Auch unsere Gesundheit ist ein guter Grund zur

Dankbarkeit Gott gegenüber. Eine gelungene OP muss man nicht dem Zufall zuschreiben. Wie gut, dass wir wissen, bei wem wir uns dafür bedanken können! Es gibt so viel guten und natürlichen Grund, dankbar zu sein.

Natürlich können wir uns auch auf die Dinge konzentrieren, die uns fehlen und stören… jammern kann man immer. Aber es ist sehr ratsam, jede Klage erstmal durch den Filter der Dankbarkeit laufen zu lassen. Mal sehen, wieviel Klage dann noch übrigbleibt. Manchmal hilft es der Dankbarkeit, sich mit Menschen zu vergleichen, die unter ganz anderen Umständen leben und eigenartigerweise oftmals weniger jammern als wir. Ich fand irgendwo einen Text, der nachdenklich macht (Autor mir unbekannt):

> *Wenn du heute Morgen mehr gesund als krank aufgewacht bist, dann geht es dir besser als den Millionen von Menschen, die diese Woche nicht überleben werden.*
>
> *Wenn du noch nie die Gefahr des Krieges, die Einsamkeit einer Gefangenschaft, die Schmerzen von Folter oder die Qual des Hungers erlebt hast, geht es dir besser als heute weltweit 500 Millionen Menschen.*
>
> *Wenn du ein ideologisches Treffen (zu dem unsere Gottesdienste zählen) besuchen kannst ohne Angst vor Anfeindung, Verhaftung, Folter oder gar Tod, dann bist du gesegneter dran als 3 Milliarden Menschen in der Welt.*
>
> *Wenn du Essen im Kühlschrank, Kleider im Kleiderschrank, ein Dach über dem Kopf und einen Platz zum Schlafen hast, bist du viel reicher als 75% der Weltbevölkerung.*

Wenn du Geld auf der Bank, Kleingeld im Geldtascherl und eine Spardose irgendwo stehen hast, gehörst du zu den 8% der Reichsten dieser Welt.

Wenn du dies hier lesen kannst, geht es dir besser als weltweit über 2 Milliarden Menschen, die überhaupt nicht lesen können!

Wir haben guten Grund, dankbar zu sein! Für jedes Lebensjahr, das uns Gott schenkt. Für alle Gesundheit, die wir haben. Für alle Fürsorge, allen Schutz, den Gott uns gibt. Aber wir müssen zugeben – diese Art von Dankbarkeit kommt uns immer noch relativ natürlich daher. Die teilen wir auch mit vielen Menschen, die nicht einmal wirklich gläubig sind. Aber für die guten Dinge kann man „dem lieben Gott" schon mal danken – auch wenn man sich nicht wirklich sicher ist, wie lieb dieser „liebe Gott" wirklich ist und ob es ihn überhaupt gibt …!

Die natürliche Dankbarkeit wird allerdings immer wieder auf die Probe gestellt. Und wenn wir gelernt haben, dankbar zu sein, auch gegen unsere inneren Instinkte, dann ist das schon etwas ganz anderes.

Unnatürliche Dankbarkeit

Es gibt Umstände, in denen es völlig unnatürlich scheint, dankbar zu sein. Da lesen wir in Philipper 4,6: „Sorgt euch um nichts, sondern in allen Dingen lasst eure Bitten in Gebet und Flehen, mit Danksagung, vor Gott kundwerden. Und der Friede Gottes, der höher ist als unser Verstehen, bewahre eure Herzen und Sinne in Christus Jesus!"

Es gibt genügend Situationen, in denen es uns viel natürlicher erscheint, besorgt zu sein als dankbar. Da kann man schon mal beginnen, mit Gott, der Bibel und dem lieben Paulus zu hadern, der hier schreibt: „Sorgt euch um nichts!" Ich höre manche von uns sagen: Ich habe keinen Mann und hätte gern einen – wie bitte soll ich mit meinem Singlesein zurechtkommen? Oder: Ich habe einen Mann, und das ist ja gerade das Problem … wie bitte soll ich mir bei so einer Ehe keine Sorgen machen? Oder: Ich komme mit meinen Finanzen hinten und vorne nicht zurecht, nächste Woche muss ich zum Arzt und erwarte keine gute Diagnose, mir wird die Arbeit zu viel, meine Tochter ist depressiv, oder meine Mutter – wir stecken in allerlei Schlamassel und dann sowas: „Sorgt euch um nichts!"

Hier gilt es zu verstehen, dass uns die Bibel zur unnatürlichen Dankbarkeit auffordert. Eine Dankbarkeit, die gegen unsere Natur geht! Ein kleines Wörtchen macht hier den großen Unterschied: „Aber … in allen Dingen"! Aus all dem, was uns Sorgen bereitet, darf all das werden, was ich Gott in Dankbarkeit überlasse; wo es um eine Dankbarkeit geht, die sich mit Bitten und Flehen zusammentut! Ein starkes Gemisch – Bitte, Flehen und Dankbarkeit; das ganze Paket Gott übergeben und Gott überlassen! Und erleben, was er daraus macht … er nimmt unsere Sorgen, unsere Bitten, unser Flehen gern entgegen und tauscht diese ein gegen seinen Frieden, der weit über unser Bitten und Verstehen hinausgeht! Ein toller Tausch, ein unnatürlicher Tausch!

Unnatürliche Dankbarkeit ist die Kehrseite des Glaubens und des Vertrauens. Und gerade da, wo wir die Welt nicht mehr verstehen, da gilt es, darauf zu vertrauen, dass Gott sich auskennt und noch lange nicht am Ende seines Lateins ist.

Unser christliches Leben wächst im selben Maße wie die Haltung unserer Dankbarkeit – unabhängig von den Lebensumständen, oftmals auch trotz allem. Nicht, dass wir die Probleme des Lebens ignorieren – aber wir nehmen sie und überlassen sie Gott und entdecken, dass er sehr wohl damit umzugehen weiß, dass er größer ist als unsere Sorgen, größer ist als unsere Not, als unsere Ängste, unsere Mängel.

In dem sehr lesenswerten Buch *Nach dem Amen bete weiter*[2] von Hans Peter Royer, einem wertvollen Weggefährten über viele Jahre bei den „Fackelträgern", schreibt er über das „Danken im Leid" (S. 131). Er erzählt von einer furchtbar lästigen Sonnenallergie, die ihn über ein Jahr lang plagte. Mit seiner Frau Hannelore entschied er: „Ich verstehe das Ganze nicht, aber lass uns Gott danken, denn ER weiß Bescheid." Er schreibt dann weiter: „Wir fühlten uns in dieser Zeit überhaupt nicht danach, Gott zu danken und es ging uns überhaupt nicht gut. Dennoch wussten wir, dass Gott es letztlich gut mit uns meint und dass ER der Einzige ist, der unseren Dank und unsere Anbetung zu jeder Zeit und unter allen Umständen verdient." Welch ein Schock für viele Menschen, als Hans Peter vor zwei Jahren (am 17. August 2013) bei einem Paraglideunfall ums Leben kam. Was für ein unverständlicher Schmerz für seine Familie! Wie unreal – mitunter bis heute – für viele seiner Kollegen und Freunde, für unzählige dankbare Hörer seiner Predigten. Und doch gilt auch hier anzuwenden, was Hans Peter immer gepredigt hat – nämlich zu vertrauen, dass Gott weiß, was er tut und zulässt. Und zu danken – allen Umständen zum Trotz. Zu danken für sein Leben, seine Freundschaft, für sein Vorbild in der Nachfolge, im Leiten, in der Verkündigung. Zu danken für die Hoffnung, ihn bei Dem zu wissen, den er so liebte: Jesus! So unnatürlich diese Dankbarkeit erscheinen mag, so befreiend ist sie!

Dankbarkeit ist eine erfrischend andere Perspektive, die auch die unangenehmen Situationen, die bei mir natürlicherweise eher Ärger oder Ängste auslösen, in einem anderen Licht erscheinen lassen. Diese unnatürliche Dankbarkeit ist eine Grundhaltung, die gerade in den schwierigen Umständen des Lebens einen Kanal für das Wirken des Heiligen Geistes öffnet. *Und es ist die Haltung, die*

---

2 Hans Peter Royer, *Nach dem Amen bete weiter – Im Alltag mit Jesus unterwegs*, SCM Hänssler, Holzgerlingen 2004.

nicht nur alles von Gott annimmt, was ich habe – sondern auch das von ihm erwartet, was mir fehlt! Das ist unnatürliche Dankbarkeit! Wer wirklich vertraut, ist zutiefst dankbar – allen Umständen zum Trotz! Natürliche Dankbarkeit betet: „Du führst mich zum frischen Wasser, auf eine grüne Aue und auf rechter Straße!“ Die unnatürliche Dankbarkeit betet: „Und wenn ich auch wandere durchs finstere Tal des Todesschattens, so fürchte ich mich nicht, denn DU bist bei mir! Dein Stecken und Stab trösten mich.“ Die unnatürliche Dankbarkeit betet: „Du bereitest vor mir einen Tisch im Angesicht meiner Feinde!“

Selten habe ich ein derart starkes und ausgesprochenes Beispiel für unnatürliche Dankbarkeit erlebt wie bei der guten Kathi, deren selbstverfasstes Lebenszeugnis inzwischen schon in unzähligen Stuben in Südtirol gelesen wurde. Ein Leben von Schmerz gezeichnet, aber immer wieder dieses unerschütterliche Vertrauen in Gott – und eine tiefe Dankbarkeit! Nachdem sie sich im Vorjahr den Arm zuerst gebrochen und dann verbrüht hatte, stolperte sie kürzlich und erlitt einen Oberschenkelhalsbruch. Als meine Frau und ich sie besuchten, strahlte sie und erzählte, wie dankbar sie sei; sie habe Gott gebeten, dass sie mal etwas Zeit für sich bekäme und Möglichkeiten zum Zeugnis; nun hatte sie beides! Sie erzählte von unzähligen Erfahrungen mit der Gnade Gottes in ihrem Leben und ihrer Familie. Wir sangen gemeinsam „In dir ist Freude in allem Leide“, währenddessen weinte sie und sagte immer wieder: „Ja, so ist es!“ Als wir sie verließen, waren wir es, die aufgebaut und ermutigt waren. Und wir staunten über diese unnatürliche, von Jesus geschenkte und vom Geist gewirkte Dankbarkeit!

Wir dürfen jedoch nicht aufhören über Dankbarkeit zu reden, ohne auch noch über die dritte Art nachzudenken. Denn da geht es um die allergrößte, um die übernatürliche Dankbarkeit, mit der sich eine Gnade verbindet, die nicht von dieser Welt ist:

Übernatürliche Danksagung

Es gibt eine Aussage zur Danksagung in der Bibel, die so außergewöhnlich ist, dass wir sie als unnatürliche Danksagung bezeichnen können: „Der Herr Jesus, in der Nacht da er verraten ward, nahm das Brot, *dankte* und brach es …!“ (1. Kor. 11,23–24).

Jesus dankte. Dabei hatte er soeben den Jüngern mitgeteilt, dass er innerhalb von vierundzwanzig Stunden tot sein würde, nachdem er sechs Stunden am Kreuz gehangen haben und einen langsamen, qualvollen Tod erlitten haben würde. Einer seiner zwölf Jünger würde gleich aufbrechen und ihn für dreißig Silberstücke an die Feinde übergeben. Ein anderer würde ihn innerhalb der nächsten Nachtstunden verleugnen und am nächsten Morgen würden sie ihn alle feige verlassen haben.

Und Jesus dankte! Er nahm das Brot, sagte „Dies ist mein Leib“, brach ihn und dankte! Und ebenso den Wein: „Dieser Kelch spricht von meinem Blut, das für euch vergossen wird zur Vergebung der Sünden“. Und er dankte!

Was bitte ist das für eine Dankbarkeit. Nicht nur völlig gegen die eigene Natur, sondern weit darüber hinaus! Völlig losgelöst von den eigenen Ambitionen, den eigenen Hoffnungen. Völlig losgelöst vom Ego überhaupt. Diese Dankbarkeit ist nicht nur Ausdruck des Vertrauens, sondern Ausdruck einer völligen Hingabe aus Liebe! Es ist diese hingegebenen Liebe, die sich in dieser völlig unnatürlichen Dankbarkeit Jesu ausdrückt, der wir die größte Gnade verdanken, die ein Mensch je erleben kann. Dieser Liebe verdanken wir das größte Geschenk überhaupt. Und das ist die Vergebung, die Gott durch das Sterben Jesu für uns ermöglicht hat. Gott, danke dass du mir Sünder gnädig bist. Denn du bist der Gekreuzigte!

Und wenn wir Vergebung empfangen haben, dann folgt die zweite Seite des Geschenkes: Gott, du lässt mich an deinem Leben teilhaben, denn du bist der Auferstandene!

DANKE!

THANK YOU, MERCI, GRAZIE!

Gott, erbarme dich meiner. Ich lebe von deiner Gnade, von deinem Erbarmen.

Du bist das Gegenüber, das ich brauche, um wirklich gesund und schön zu leben.

Gott, dir verdanke ich mich mit allem, was ich bin und habe!

Diese Dankbarkeit kleidet mich. Sie macht mich schön, gesund, angenehm und selig!

DANKE!

Beziehungs*weise*

Die Sprüche und das Geheimnis der feurigen Kohlen

DAS BUCH DER SPRÜCHE IST ebenso pointiert wie praktisch. Kaum ein Lebensbereich bleibt unerwähnt – da geht es um Alltag mit Gott und der Welt. Als Motto der Weisheit Salomos könnte gelten: „Adel verpflichtet"; diese Spruchsammlungen waren nicht zuletzt als „Fürstenspiegel" für die jungen Generationen an den Königshäusern gedacht. Vor allem aber geht es bei den Sprüchen Salomos um die Frage, was im Leben zählt und trägt. Was sich bewährt und was Wert gibt!

Mit- und Zwischenmenschlichkeit sind hier groß geschrieben. Interessant ist dabei, dass die verschiedenen Themen des Buches entsprechend ineinandergreifen. So betrifft z. B. die Frage nach Wahrheit oder Lüge nicht nur uns persönlich, sondern auch andere Menschen. Beziehungen leben von der Wahrhaftigkeit. Auch die Zeit spielt in unseren Beziehungen eine Rolle: Wieviel Zeit verbringe ich mit welchen Menschen und wie verbringen wir sie gemeinsam? Nicht zuletzt, wenn es um das liebe Geld geht, kommt die Zwischen- und Mitmenschlichkeit ins Spiel: Wie wirkt sich unser Besitz und der Umgang damit auf unsere Beziehungen aus? Verkaufe oder verschenke ich? Noch so manche andere Themen aus der Weisheit der biblischen Sprüche könnte man hier einbeziehen: Mit wem oder für wen arbeiten wir? Wie gehen wir mit Unterweisungen, Zurechtweisungen und Anweisungen um? Wie sieht es mit Abhängigkeiten und Verbindlichkeiten aus – welche sind berechtigt, welche schlichtweg falsch? Wie sieht es mit Zorn, Wut und Ärger aus? Einen wesentlichen Teil spielt unsere Zunge – ein kleines Steuerruder, wie Jakobus es sagt. Oder ein Funke, der Waldbrände auslösen kann. Jedenfalls machen unsere Worte etwas mit unseren Beziehungen. Wie reden wir über- und miteinander?

Die Themen sind alle miteinander verwoben – wie im Leben. Und wie im echten Leben sind sie im Sprüche-Buch auch nicht fein säuberlich geordnet, sondern relativ wild vermischt! Wenn es nun konkret um das Thema „Beziehungen“ geht, entdecken wir: Kaum etwas wird ausgelassen. Welche Beziehungen auch immer – Sprüche sagt: Nenne es, ich kenne es! Ob es der Vater und die Mutter sind, der Bruder oder die Schwester. Die engste Familie als kleine Zelle ist vertreten und wird hoch bewertet. Wie auch immer du zu ihnen stehst, du stehst in einem Verhältnis zu ihnen und das macht dich aus. Die Eltern gehören geehrt. Der Rat der Mutter und des Vaters tragen hohen Wert. Die nächste Stelle würden die Lehrer übernehmen – die werden hier meist von den Eltern vertreten. Erziehung und Pädagogik ist ein großes Thema. Kinder gehören erzogen, rechtzeitig geprägt. Dann wird gleich zu Beginn gewarnt vor den „bösen Buben“; hier ist die Rede von der „üblen Gesellschaft“ – die Faulpelze, Toren und Ausbeuter gehören dazu. Ebenso die falschen Zeugen, die Verleumder, die Verführer, die Lügner; der fremde Mann, die fremde Frau! Im Gegenzug dazu gibt es die gute Gesellschaft: die Weisen, die Barmherzigen, den Ehepartner, die gehorsamen Kinder, den Freund. Der Wert von wahrer Freundschaft wird überhaupt sehr gelobt; dabei nicht zu vergessen die Männerfreundschaften: „Wie ein Messer das andere wetzt, so ein Mann den anderen“.

Da geht es bunt zur Sache und wir könnten uns hier fröhlich durchbuchstabieren. Im Buch der Sprüche wird der junge Adel eingewiesen in den angemessenen zwischenmenschlichen Umgang. Heute spricht man viel von Sozialkompetenz. Ungemein wichtig und sehr biblisch. Nicht nur Anstand und Höflichkeit á la Knigge sind wieder in: man muss sich überhaupt manche Grundlagen wieder bewusst aneignen, weil vieles aufgrund beschädigter Sozialstrukturen nicht mehr eingeübt wird. Sozialkompetenz also; Mit- bzw. Zwischen-Menschlichkeit. Auf der Suche nach einem Begriff, der all dem gerecht wird, was wir im Buch der Sprüche zu diesem Themenkomplex finden, bleibt uns eigentlich nur die *Liebe*! Und die Frage, die sich damit verbindet, lautet: Wie liebt es sich in all diesen Beziehungen und was ist Liebe überhaupt? Gerade als Christen, die wir uns an diesen Begriff schon derart gewöhnt haben, bedürfen wir notwendiger Klärungen zum Thema Liebe! Wie oft wundere ich mich über so viel Missverständnis und Oberflächlichkeit diesbezüglich!

Ein Buch, das ich mit großem Gewinn gelesen habe und deshalb immer wieder weiterempfehle ist „Gemeinsames Leben“ von Dietrich Bonhoeffer. Darin macht er u. a. aufmerksam auf eine notwendige und wichtige Unterscheidung zwischen *seelischer und geistlicher Liebe*. Beide haben ihre Berechtigung, aber sie gehören sauber voneinander unterschieden und nicht miteinander verwechselt.

Die seelische Liebe ist zu enormen Opfern und unerhörter Hingabe fähig. Das ist die Liebe, von der Paulus zu Beginn von 1. Korinther 13 spricht, ohne sie als solches zu benennen: sie kann sich ganz den Armen verschenken und sogar den eigenen Leib für einen guten Zweck verbrennen lassen – aber sie ist nicht zu verwechseln mit der *geistlichen Liebe*. Seelische Liebe liebt den anderen um seiner selbst willen, geistliche Liebe liebt um Christi willen. Darum sucht seelische Liebe die unmittelbare Berührung mit dem anderen, sie liebt ihn nicht in seiner Freiheit, sondern als den an sie Gebundenen. Seelische Liebe begehrt den anderen, wünscht sich seine Gemeinschaft, seine Gegenliebe, aber sie dient ihm nicht vorbehaltlos. Die beste Gelegenheit, die eine von der anderen zu unterscheiden, ist die Krise einer Beziehung oder Gemeinschaft – so Bonhoeffer. Am Zerbruch lerne ich erst wirklich lieben, hier kann geistliche Liebe entstehen und wachsen. Geistliche Liebe entspringt in Christus und seinem Wort. Weil geistliche Liebe nicht begehrt sondern dient, liebt sie den Feind wie den Bruder. Sie entspringt ja weder in dem einen noch im anderen, sondern allein in Christus!

Im Buch der Sprüche begegnen uns drei Gruppen von Personen, denen unsere Liebe gelten soll: *Das Gegenüber* – darunter fallen alle die zwischenmenschlichen Herausforderungen, die das Buch der Sprüche aufgreift. *Der Geringe* – der Bedürftige, der Verschuldete, der Arme. Und der *Gegner*, unser Feind, dem wir nichts zu verdanken und von dem wir auch nichts zu erwarten haben.

Zu den *Geringen und Armen* hat das Buch der Sprüche viel zu sagen. Da finden wir zunächst eine selbstverständliche Logik: Der Faule ist arm, der Fleißige reich. Aber wenn wir genauer hinschauen, merken wir: Diese Logik stimmt nur bedingt, denn Reichtum kommt vom Herrn allein und unsere Mühe kann dem nichts hinzufügen. Jedenfalls weiß die Bibel – es gibt die Armen und die Reichen. Es gibt die einen, die haben's und andere sagen: „Ich habe nichts". Und die Bibel kennt das ewige Spiel:

> *Die „Habens" haben, was sie haben, und haben jede Absicht, zu behalten, was sie haben. Und die „Habenichts" haben eben nicht, was die „Habens" haben, und sie haben das überhaupt nicht gern. Was wollen also die „Habenichts"? Sie wollen haben, was die „Habens" haben. Und die „Habens" wollen nicht, dass die „Habenichts" haben, was sie haben. Und alle haben echte Probleme! Die „Habens" haben ein Problem, weil sie so an dem hängen was sie haben, und die „Habenichts" werden verrückt, weil sie nicht haben, was die „Habens" haben. Eine schöne Welt ist das.*

Soweit eine simple und grundlegende Einheit in Wirtschaftskunde. Mit ein bisschen Soziologie und einer Prise Politik. Und jetzt stell dir vor, du bist ein „Habenichts" und du bittest Gott um dies und das – und stell dir vor: er gibt es dir! Was hast du dann? Ganz neue

Probleme! Denn dann bist du plötzlich ein „Habens“ und deine alten „Habenichts“ Freunde können es nicht leiden, wenn einer von ihnen plötzlich einer von denen wird; die unbeliebtesten Reichen sind die sogenannten „Neureichen“! Das Ganze ist wirklich nicht einfach und die Welt steht mehr denn je vor diesen Problemen. Die Bibel kennt sich aus!

Dabei fügt sich eine weitere Frage hier an: Was macht uns eigentlich wirklich reich bzw. arm? Meinen wir reich an Geld oder Zeit, arm an Einfluss oder Lebensfreude? Ist der andere wirklich geringer als ich oder schätze ich ihn nur geringer ein? Eins machen die Sprüche ziemlich schnell klar: Wirklicher Reichtum macht sich nicht an Geld fest: „Ein guter Rat ist köstlicher als großer Reichtum und anziehendes Wesen besser als Silber, Gold“, Haus und Aktienwerte (22,1). Aber sag das mal einer Welt, die sowas von verrückt nach eben diesen Dingen ist wie unsere!

Wie auch immer – die Tatsache, dass es Menschen gibt, deren Existenz absolut gefährdet ist, durch was auch immer, ist der Bibel nicht fremd. Und deshalb finden wir auch einiges dazu im Sprüche-Buch: „Reiche und Arme begegnen einander, der Herr hat sie alle gemacht“ (22,2). Sozusagen als Überschrift zum Thema lesen wir in 3,27: „Weigere dich nicht, dem Bedürftigen Gutes zu tun, wenn deine Hand es vermag.“ Später bekommt Lemuel in dieser Sache Nachhilfeunterricht von seiner Mama: „Den Königen ziemt es nicht, Wein zu trinken, noch den Fürsten starkes Getränk, denn sie könnten beim Trinken des Rechts vergessen und verdrehen die Sache aller elenden Leute. Tu deinen Mund auf und richte in Gerechtigkeit und schaffe Recht dem Elenden und Armen“ (31,4–9). Und dazwischen allerlei interessante Hinweise zum Thema: „Wer dem Geringen Gewalt tut, lästert dessen Schöpfer; aber wer sich des Armen erbarmt, der ehrt Gott“ (14,31). „Wer den Armen verspottet, verhöhnt dessen Schöpfer“ (17,5a). „Wer sich des Armen erbarmt, der leiht dem Herrn und der wird ihm vergelten, was er Gutes getan hat“ (19,17). „Verrücke nicht uralte Grenzen und vergreife dich nicht am Acker der Waisen – denn ihr Helfer ist mächtig, der wird ihre Sache gegen dich führen“ (23,10–11).

Mit anderen Worten: Wer sich an den Armen, Schwachen, Benachteiligten und Geringen vergreift, bekommt es mit Gott zu tun. Andersrum – wer ihnen dient, dient Gott und seinen Zielen. Deshalb sind ja die Menschen im Endgericht in Matthäus 25 so perplex, als Jesus ihnen als Herrscher und Richter sagt: „Was ihr einem meiner geringsten Brüder getan habt, das habt ihr mir getan … Ich war hungrig und ihr habt mir zu Essen gegeben, ich war durstig …“, ich war nackt, ich war im Gefängnis, ich war einsam und allein – und ihr habt mir gedient. Aus dem Sprüche-Buch klingt uns noch im Ohr: „Wer sich des Armen erbarmt, der leiht dem Herrn!“

Wir sollen also helfen um Gottes und um Jesu willen! Meine Gottesbeziehung steht im unmittelbaren Verhältnis zu bedürftigen Menschen in meinem Umfeld. Wir fragen uns so oft: Herr, ich sehe dich nicht, ich spüre dich nicht, ich suche dich vergeblich. Und Christus sagt: Ich bin doch da – denk an Vater Martin, dem ich in Gestalt der armen Frau mit Kind begegnete, oder durch den Jungen. Ich bin doch da, nimm mich nur bewusster wahr! Gottes großes Anliegen ist die Barmherzigkeit und deshalb begegnet er uns oft gerade nicht in den großen und herrlichen Gestalten, sondern in den Elenden, denen er durch uns Gutes tun möchte. Offenbar schickt uns Gott diese immer wieder über den Weg, um unsere Liebe herauszufordern und zu fördern. Interessant ist, dass Gott im Gesetz des Alten Bundes gar unsere Barmherzigkeit dem Bedürftigen gegenüber fordert!

Die Versorgung der Armen, der Witwen und Waisen war zurzeit Jesu für die Juden dann schließlich eine Selbstverständlichkeit geworden – um dem Gesetz Genüge zu tun. Aber die Barmherzigkeit war zur reinen, pflichtbewussten Wohltätigkeit verkommen. Wenn man überhaupt von Liebe reden konnte, dann von seelischer, menschlicher Liebe. Denn man half nicht ohne Erwartungen. Wahre Liebe aber liebt um Gottes Willen und weil sie sich von Gottes Liebe nährt! Wahre, geistliche Liebe lässt uns Grenzen überwinden und Menschen helfen, von denen wir nichts zurückerwarten können.

Diese Liebe macht auch vor dem *Gegner* nicht halt. Und damit setzt sich unsere Studie zur Liebe notwendigerweise fort. Die Bibel ist sehr nüchtern über die Tatsache, dass du dein Leben nicht leben kannst, ohne persönliche Gegner zu haben. Du kannst dem versuchen auszuweichen, von Gemeinde zu Gemeinde springen, von Job zu Job und von Nachbarschaft zu Nachbarschaft – überall wirst du *ihn* oder *sie* wieder antreffen, deinen speziellen Lieblingsgegner. Jemanden, der dir nichts Gutes will oder nichts Gutes tut – aus welchen Motiven auch immer. Willkommen im Leben! Die Liebe sagt dazu: Danke für eine einmaligen Chance, mich zu prüfen und mich zu entfalten. Jetzt kann ich so richtig loslegen und mich als Liebe beweisen!

Ein persönlicher Vorschlag zur Güte: Proben wir doch mal den Ernstfall bzw. erinnern wir uns an einen Konflikt, den wir erlebt haben. Was die geistliche Liebe betrifft, so wird sie zunächst mal prüfen, ob der Konflikt wirklich nur etwas mit dem Gegenüber zu tun hat oder auch mit mir. Die Liebe fürchtet nämlich die Wahrheit nicht – auch nicht die Wahrheit über mich und über die Tatsache, dass zwischenmenschliche Spannungen und Streits sich auch an mir entzünden. Die Liebe sieht der Wahrheit ins Auge und entdeckt dabei den Balken in meinem Auge; erst wenn der rausgezogen ist, kann ich klar sehen auf das Fehlverhalten des Gegners. Nun, wie auch immer die Dynamik der „Gegnerschaft" gelagert ist und wodurch sie sich auch immer begründet – es gibt sie! Auch dem blickt die Liebe offen ins Auge; bleibt aber da nicht stehen. Sie lässt sich dadurch wie gesagt erst richtig herausfordern und läuft sogar zur Bestform auf. Sie sagt nicht nur: Okay, du wirst damit leben müssen, dass du Gegner hast. Die Sprüche lassen uns hören, wie die Liebe sogar sagt: Stell dir deinen Gegner vor, wie er Hunger leidet oder krank danieder liegt; was auch immer, es geht ihm richtig übel.

Wenn du als Mensch normal tickst, wird dein sündiges Herz jetzt intuitiv zur Bestform auflaufen und so etwas wie Freude empfinden – Schadenfreude! Wenn das kommt, bist du bestens informiert über die Abwesenheit wahrer Liebe. Denn mit dieser Freude hat Liebe nichts gemeinsam. Wahre Liebe sagt: Jetzt erst recht – helfen. Dienen. Gutes tun! Und hier kommt das Geheimnis der feurigen Kohlen ins Spiel, von dem wir in Sprüche 25,21–22 lesen: „Hungert dein Feind, so speise ihn mit Brot; dürstet ihn so tränke ihn mit Wasser, denn du wirst feurige Kohlen auf seinem Haupt häufen und der Herr wird es *dir* vergelten." Was bedeutet das?

Zwei mögliche Deutungen sind mir dazu bekannt: Die erste zeigt, wie unglaublich alltagstauglich die Liebe ist und agiert. Wenn im Orient jemandem das Herdfeuer ausging, nahm er eine Pfanne und lief zum Nachbarn, um sich einige glühende, feurige Kohlen auszuleihen, die er dann – nach orientalischer Art – über dem Kopf wieder zurücktrug und so weiter kochen, heizen und haushalten konnte. Ja, die Bibel spricht hier ausgerechnet vom unliebsamen Nachbarn. Über den kann wohl jeder so seine Liedchen singen. Ausgerechnet der! Unser Herz denkt sich: Der soll mal kommen, der kriegt was zu hören …! Ja, was kriegt er zu hören? Die Liebe sagt: Komm herein, wärm dich auf, ich hole dir die Kohlen aus dem Feuer. Willst du inzwischen eine Suppe?

Das sind wirklich starke Worte und steile Ansprüche, die uns da die Bibel zumutet. Wir fragen zu Recht: Wo um alles kommt die Liebe her …? Genau diese Frage stellt der Apostel Johannes in seinem ersten Brief. Dort lesen wir in Kap. 3,1, wörtlich übertragen: „Wo um alles in der Welt (oder: aus welchem Land) kommt diese *agape* her?" Der Wortlaut, der vielen von uns besser vertraut ist, geht so: „Seht, welch eine Liebe hat uns der Vater erwiesen, dass wir Gottes Kinder sein sollen." Somit bedeutet dieser Ausruf des Apostels: Wie kommt der himmlische Vater nur darauf, uns zu lieben? Schließlich waren wir doch Feinde! Ja – aber gerade darin zeigt sich ja die Liebe Gottes: dass Christus für uns starb, als wir noch Feinde waren (Röm. 5,10).

Wie also kommen wir darauf, unserem bedürftigen Gegner zu helfen und zu dienen? Weil nicht wir die Liebe erfunden haben, sondern weil Gott uns zuerst geliebt hat. „Lasst uns lieben, denn Gott hat uns zuerst geliebt“ (1. Joh. 4,19). Der bedürftige Feind ist also ein Bote Gottes, um uns an seine himmlische Liebe zu uns zu erinnern. Er ist gleichzeitig eine göttliche Möglichkeit für die Liebe, sich zu beweisen.

Es gibt eine zweite Deutung für die Kohlen auf dem Haupt des Feindes. Man bezieht sich dabei auf ein ägyptisches Bußritual, bei dem jemand zum Zeichen seiner Reue und Buße feurige Kohlen in einer Pfanne auf seinem Kopf trug – sozusagen als Bekenntnis der Umkehr. Wenn wir das noch einmal bewusst hören und auf unser Thema hier übertragen, verstehen wir: Die Liebe ist die einzige Macht dieser Welt, den Kreislauf der Gewalt und der Feindschaft zu durchbrechen. Diese Liebe ist zwar nicht von dieser Welt, aber diese Welt braucht diese Liebe mehr als alles andere! Als wir vor einigen Jahren in Albanien waren, wurde uns erzählt, dass es heute in manchen Gegenden des Landes immer noch die Blutrache gibt. Auch wenn es gesetzlich verboten ist, wird sie praktiziert und es gibt Hunderte von Menschen, die aus Angst vor der Blutrache ihre Häuser nicht verlassen. Es ist die Liebe, die diesen Kreislauf durchbrechen kann. Die Liebe schafft Versöhnung, setzt Menschen frei und führt zur Buße! „Vergib mir Natascha“ erzählt nur eine von vielen wahren Geschichten zu diesem Thema: Ein ehemaliger Leiter eines KGB-Schlägertrupps schreibt, wie er in der ehemaligen Sowjetunion immer wieder Christen brutal zusammenschlug, bis er durch das Verhalten dieser unschuldigen Christen, seiner „Gegner“, selbst zum Glauben kam und schließlich eine spektakuläre Flucht aus Russland wagte. Feindesliebe ist nicht von dieser Welt, aber nichts braucht die Menschheit mehr!

Die Bibel spricht hier allerdings vom bedürftigen Gegner; solange dieser dich nicht ranlässt und sich nicht helfen lässt, kann auch die

Liebe nichts tun. Denn Liebe drängt sich nicht auf. Aber da, wo sich die Gelegenheiten bieten, da lässt die Liebe sich nicht zweimal bitten, nach dem biblischen Motto: „Wenn es dir möglich ist, sollst du dem Bedürftigen helfen“ Paulus greift das in seinem praktischen Kapitel des Römerbriefes auf und es lohnt sich, den Kontext dort als Kommentar zum Thema zu lesen (Röm. 12,9–21).

Liebe! Jemand hat gesagt: Gutes mit Gutem vergelten ist menschlich, Gutes mit Bösem vergelten diabolisch, Böses mit Gutem vergelten jedoch ist christlich! Letzteres ist Liebe in Bestform und in Reinform. Der Begriff, den das Buch der Sprüche dafür verwendet, ist die „Barmherzigkeit“. Barmherzigkeit meint hier die geistliche Liebe, die keinen Unterschied macht zwischen Feind und Bruder. Und die Barmherzigkeit ist eine Liebe, die aus einem Herzen kommt, dessen sich Gott erbarmt hat. Deshalb ist jeder Bedürftige und auch jeder Gegner – und ganz besonders der bedürftige Gegner – ultimativ ein Geschenk Gottes an mich. Sie sind Erinnerungsgaben, denn wir selbst sind bedürftig, wir selbst waren verfeindet. Wir sind doch selbst nicht nur versorgt, sondern auch versöhnt worden!

Zu guter Schluss aber kommen wir hier nicht ohne Jesus aus. Denn er ist und bleibt das Geheimnis unseres Lebens und unserer Liebe. Wir können die Liebe nicht von Gott trennen, denn er ist die Liebe. Und erst recht nicht von Christus, denn er hat uns die Liebe erst begreifbar gemacht; er hat sie verkörpert!

Und eins dürfen wir nie vergessen: Die Liebe definiert sich im Normalfall durch ihre Abwesenheit in unserem Herzen. Sie ist nicht von dieser Welt! Wir haben sie nicht und können sie von uns aus nicht produzieren, allen guten Vorsätzen zum Trotz. Für diese Liebe braucht es Christus. Nur er kann diese Liebe in mir schenken und sie durch mich tätig werden lassen. Diese Liebe hängt ganz von ihm ab, sie entspringt in ihm. Zu dem Maß, wie ich mich von Ihm lieben lasse und ihn von Herzen liebe, kann ich seine Liebe auch weitergeben an meine Mitmenschen! Jesus ist es, der mich ultimativ mitmenschlich leben lässt!

Carpe Diem

Eine kleine, praktische Theologie der Zeit

CARPE DIEM – WIR WOHNEN ÜBER einer netten Bar mit diesem Namen. Nicht wenige Menschen „nutzen ihren Tag“ hier gerne für eine kurze oder auch ausgiebigere Einkehr. Und ich lade an dieser Stelle zu einem kleinen Zeitimbiss ein unter diesem Motto.

Ein Tag, das sind genau vierundzwanzig Stunden – und ebenso viele zu wenig für die meisten von uns, wenn man einem der beliebtesten Sätze glauben darf: „Ich habe keine Zeit“. Eigentlich Unsinn! Wir haben immerhin jeden Tag 86.400 Sekunden zur Verfügung. Aber interessant: Das Wort „Zeit“ kommt aus dem indogermanischen und bedeutet ursprünglich „teilen, zerreißen, zerteilen.“ Als ob die alten Indogermanen schon etwas von unserem modernen Lebensgefühl verstanden hätten. Wir fühlen uns total zerrissen. Von allen Seiten will wer was von uns, überall gibt es so viel Spannendes zu erleben, man will ja nichts verpassen …

Was die Indogermanen eigentlich sagen wollten ist, dass Zeit einen „Abschnitt“ meint. Unser Leben ist bemessen und lässt sich in viele kleine Abschnitte einteilen. Mit dem Flieger nach Osten zu fliegen, wie ich es schon öfters schon getan habe, ist faszinierend. Diese Zeitzonen sind schon eine tolle Erfindung: Man fliegt mit der Zeit – und gewinnt sogar einige Stunden. Wenn man ständig also unterwegs ist gen Osten, gewinnt man zusätzliche Stunden … also gäbe es doch für die Dauerreisenden mehr zu erleben, oder …?! Da merken wir schon wieder: Wir sind ständig unterwegs, um mehr Zeit zu gewinnen und mehr aus der Zeit heraus zu holen – aber die Frage ist, ob man wirklich etwas dabei gewinnt!

Jedenfalls: *Zeit ist etwas Faszinierendes.* Einer der führenden Physiker, Stephen Hawkins, hat ein Buch geschrieben: „Eine kleine Geschichte der Zeit". Hochanspruchsvolle Lektüre, hohe Mathematik. Wie ein so spannender, leichter Titel nur so eine schwere Lektüre beinhalten kann. Das hat für Durchschnittszeitgenossen wie uns herzlich wenig mit unserem Leben zu tun. Ich will es andersherum versuchen als Mr. Hawkins. Ich habe einen lateinischen Titel formuliert: *Carpe Diem*; und will es sogar noch etwas schlimmer machen, indem ich einen komplizierten Untertitel wähle, nämlich: „Eine kleine Theologie der Zeit". Aber dafür soll das viel mit unserem Leben zu tun haben.

Zeit ist eine Liebeserklärung. Du kannst der am meisten gestresste Mensch der Welt sein. Wenn du aber auf die Traumfrau deines Lebens triffst, dann hast du alle Zeit der Welt. Du kannst kurzfristig Urlaub nehmen, Termine verschieben – denn du bist verliebt. Oder wenn deine Lieblingsmannschaft spielt, dann bist du dabei – komme was wolle. Wenn ich meiner Frau sagen will: „Ich liebe dich", muss ich mir einfach Zeit nehmen für sie!

Zeit ist eine Liebeserklärung. Übrigens auch, was Gott betrifft. Er hat immer Zeit für uns, ihm gehört schließlich die Ewigkeit. Außerdem hat er uns das Zeitgeschenk gemacht, weil er uns Gutes will. Stell dir vor, dir bliebe wirklich keine Zeit mehr – das würde heißen, dass du stirbst. Gott hat dir Zeit gegeben und dir damit ermöglicht, zu leben.

Zeit war Gottes Idee. Er hat die Himmelskörper, Sonne, Mond und Sterne geschaffen, damit sie die Zeit einteilen. „Dein ist der Tag, dein ist die Nacht; du hast Gestirn und Sonne die Bahn gegeben" (Ps. 74,16). „Du hast den Mond gemacht, das Jahr danach zu teilen" (Ps. 104,19). Der Mondkalender war Gottes Idee. Der Sonnenkalender ist keine schlechte Kopie, auf die man später gekommen ist. Gott hat uns Menschen ein riesiges Zeitgeschenk gemacht. Und Sinn der Sache ist, dass nicht der Mensch für die Zeit arbeitet, sich der Zeit unterwirft, sondern dass er die Zeit für sich arbeiten lässt. Dass er das Zeitgeschenk genießt.

Gott hat uns also die Zeit gegeben, damit unser Leben geordnet wird. Zeit gibt uns Orientierung. Selbst Gott nutzt die Zeit und orientiert sich an ihr; Zeit ist sogar für Gott ein Kriterium, nach dem er sich richtet. Gleichzeitig aber ist Gott in seinem Wesen völlig unabhängig von der Zeit. Er lässt sich nicht von ihr bestimmen! Einige bemerkenswerte Statements in der Heiligen Schrift:

Psalm 90,1:	„Ehe die Berge wurden, *bist* du, Herr …"
Johannes 8,58:	„Ehe Abraham wurde, *bin* ich …" (Jesus Christus)
Hebräer 13,8	„Jesus Christus ist derselbe, gestern, heute und in Ewigkeit"

Gott ist ein Ewigkeitswesen. Und so hat er uns auch geschaffen. Zeit ist nur ein Ausdruck der Ewigkeit und damit von dem, was uns Menschen eigentlich ausmachen soll. Da kommen wir her – aus der Ewigkeit; dafür sind wir geschaffen. Wir sind dafür geschaffen, dass uns die Zeit nie ausgeht, wir sollten nie sterben. Wir sollten ewig leben!

Gott lässt die Zeit für sich arbeiten! Aber was für einen Auftrag hat denn die Zeit? Womit ist sie beschäftigt? Psalm 19,3: „Die Himmel erzählen die Ehre Gottes und die Feste seiner Hände Werk. Ein Tag sagt es dem anderen. Eine Nacht verkündet's der anderen." Gott lässt die Zeit für sich arbeiten – indem er ihr einen klaren Auftrag gibt: sie soll Gott verherrlichen; sie soll auf ihn verweisen. Und genau dafür hat Gott uns auch unsere Lebenszeit gegeben. Damit sie ihn verkündigt, auf ihn verweist. Vers 15: „Lass dir wohlgefallen die Rede meines Mundes und das Gespräch meines Herzens." Darum geht es beim Zeitgeschenk: Wir sollen von Gott lernen, die Zeit zu genießen und sie für uns arbeiten lassen. Aber noch mehr: Wir sollen unserer Lebenszeit ihre Bedeutung wiedergeben. Wir sollen unserer Lebenszeit erlauben, auf Gott zu verweisen!

Carpe Diem. Nutze den Tag. Interessant ist eine Formulierung, die wir bei Paulus im Neuen Testament zweimal finden: „Kauft die Zeit aus, denn die Tage sind böse“ (Eph. 5,16) und „Seid weise … und kauft die Zeit aus …!“ (Kol. 4,5). Der griechische Ausdruck, der hier mit „auskaufen“ übersetzt wird, bedeutet wörtlich eigentlich „erlösen“. Damit meinte man ursprünglich die Zahlung eines Lösegeldes, mit dem man etwas zurückerwarb, was seinem Zweck entfremdet wurde. „Erlöst die Zeit“ – gebt der Zeit ihre Bestimmung zurück, nämlich dass sie Gott ehrt und auf ihn hinweist; und seid bereit, dafür den entsprechenden Preis zu zahlen.

Wie viel von meiner Zeit ehrt Gott? Was ist mit der Zeit passiert? Paulus sagt hier weiter: „Die Tage sind böse“. Warum? Weil der Mensch böse geworden ist und damit die Zeit pervertiert, missbraucht und ausgebeutet hat. Weil wir Menschen uns von Gott gelöst haben, haben wir die Zeit in unsere eigene Hand genommen. Und wir stellen fest: je mehr wir versuchen, die Zeit zu beherrschen, desto mehr werden wir von ihr beherrscht. Wir wollen das meiste aus der Zeit rausholen und verweigern uns dem Zeitgeschenk Gottes. Die Tage sind böse – weil die Menschen diese Tage zum Bösen nutzen. Deshalb hatte Gott auch dem Menschen das Lebensalter heruntergesetzt (auf max. 120 Jahre; Gen. 6,3) – weil der Mensch zu viel Böses anstellen konnte in den vielen Jahren seines Lebens. Gott verkürzt also die Lebenszeit, aber was macht der Mensch? Er erfindet Möglichkeiten, um sein Leben wieder zu verlängern und vor allem, um seine begrenzte Lebenszeit maximal zu füllen und zu nutzen. Heute erlebt der Mensch in 60 Jahren weit mehr, als damals jemand mit 600! Unser Lebenspotential ist durch die Technik um ein Extremes gestiegen. Wir begegnen heute in wenigen Jahren mehr Menschen, als ein Mensch des Mittelalters in seinem ganzen Leben. Und das ist nicht nur Segen, das birgt eben auch unglaubliches Potential zum Bösen: In derselben Anzahl von Tagen können wir heute ein Vielfaches mehr an Bösem vollbringen als damals! Umso dringlicher gilt es, den Ruf des Paulus zu hören:

„Kauft die Zeit aus" – gebt der Lebenszeit ihre Bestimmung wieder und zahlt den Preis dafür.

Übrigens wird derselbe Begriff der „Erlösung" auch für Jesus verwendet: er hat uns Menschen „erlöst von der Macht des Bösen". Ich kann die Zeit nur erlösen, wenn ich selbst erlöst bin! Ich kann der Zeit erst ihre Bestimmung zurückgeben, wenn ich selbst meine Bestimmung gefunden habe. Und die finde ich erst, wenn ich entdecke, was für einen Preis Gott gezahlt hat, um mich von der Sünde, von der Verschwendung meines Lebens und vom Tod zurückzukaufen (Gal. 4,4): „Als die Fülle der Zeit gekommen war, sandte Gott seinen Sohn". Bevor es also um die praktische Frage gehen darf, wie wir die Zeit „erlösen", gilt uns die existentielle Frage: Bist du erlöst?

Erlöste Menschen erkennt man übrigens nicht zuletzt daran, wie sie mit ihrer (Lebens-) Zeit umgehen. Denn für sie ist diese ein heiliges Geschenk Gottes und steht auch unter den Prioritäten Gottes. Christen erkennt man daran, dass sie der Ewigkeit und damit auch Gott einen allerersten Platz einräumen. So wie der „Feiertag" der erste Tag im Leben des Menschen war – der Tag mit Gott – so hat auch Gott im Leben der Christen den ersten Platz. So wie der biblische Tag mit dem Feierabend beginnt – mit Zeit für Gemeinschaft und Geselligkeit, mit Zeit zum Sein und Ruhen – so gewinnt das auch für den Christen ganz neu an Wert. Wenn ich entdeckt habe, wie befreiend ein Leben mit Gott als oberste Priorität ist, dann will ich so beten wie David: „Ein Tag in deinen Vorhöfen ist besser als sonst tausend" (Ps. 84,11). Das heißt: *Carpe Diem* – ich nutze den Tag!

Einen inspirierenden Text dazu finden wir in Prediger 3,1–8, bekannt für den prägenden Kernsatz: „Alles hat seine Zeit …!" Dieser bekannte Text dreht sich nicht nur inhaltlich um den Begriff der Zeit, sondern erinnert auch in seiner Struktur an eine tickende Uhr. Die alten Uhren hatten noch diesen Pendelschlag – hin und her, her und hin. Genauso klingt es, wenn wir gleichmäßig hören: „… dies hat seine Zeit … und jenes hat seine Zeit!" Tick, tack, tick, tack …! Die Lebenszeit läuft, die Uhr ist nicht aufzuhalten. Als Hebräer und Orientale nutzt der Prediger hier bewusst die Struktur des Textes als literarisches Stilmittel. Er kennt die Zahl 7 als Zahl der Abgeschlossenheit, als Symbol der himmlischen Vollendung. Und er kennt die Zahl 4 als Symbol für die 4 Jahreszeiten, die 4 Himmelsrichtungen – ebenfalls in der Bibel eine Zahl der gewissen Abgeschlossenheit, eher im irdischen Sinne. Und nun setzt er hier beide Zahlen in einer entsprechenden Kombination ein: 4 x 7 mal setzt er hier in einer auffallenden Gleichmäßigkeit den Begriff „Zeit" ein! Als wolle er damit ein menschliches Leben in seiner himmlisch-irdischen Einheit beschreiben. Dabei beginnt er mit den beiden Eckmomenten des Lebens (Geburt und Sterben, V. 2) und endet mit den beiden Grundemotionen des Lebens (Liebe und Hass, V. 8). In einem gleichbleibenden Rhythmus setzt er jeweils zweimal 7 Paare ein: vierzehn gegen vierzehn Begriffe – vierzehn positive und konstruktive Elemente eines Lebens versus vierzehn negative, destruktive Elemente eines Lebens. Am Ende stellt sich die Frage, was unterm Strich vom Leben bleibt … Ergebnis: Vierzehn gegen vierzehn ist Gleichstand! Unterm Strich: Null! Vers 9 bringt das schließlich auf den Punkt: „Man mühe sich ab, wie man will – so hat man keinen Gewinn." Es lohnt sich nicht, das Leben rentiert sich einfach nicht. Was letztlich bleibt, ist Mühe ohne Lohn (V. 9), Arbeit und Plage (V. 10).

Prediger 3,1–8 sagt zunächst, was auch sonst im Buch immer wieder statuiert wird: Alles ist eitel, uns bleibt vom Leben nichts. Außer einem ständigen Wechselbad und der Konstante der Veränderung und Unberechenbarkeit. Man kann aber auch eher positiv aus diesem Text verstehen – wie es meist getan wird – dass alles seine gottgegebene Zeit hat und es wichtig ist, diese zu verstehen und zu nutzen, von Gott her zu denken. Dafür dient dann Vers 11 als eine Art Schlüssel: „Er hat die Ewigkeit dem Menschen ins Herz gegeben". Es gilt, die Zeit von der Ewigkeit her zu leben und zu bewerten. Es gilt, sich in den Schwankungen der Zeit an den Konstanten der Ewigkeit zu orientieren.

Eins jedenfalls ist der Bibel wichtig: „Lehre uns bedenken, dass wir sterben müssen – damit wir klug werden“ (Ps. 90,12). Wir haben nur begrenzte Zeit für die wesentlichen und ewigen Fragen des Lebens. Anders gesagt: An der Frage, wie ich meine Zeit fülle und nutze, macht sich fest, wie ich meine Ewigkeit verbringe. Und bei all dem kommen wir – wie bereits gesehen – um die Notwendigkeit der Erlösung nicht herum. Der Mensch wurde ursprünglich für die Ewigkeit geschaffen, die Zeit dann für den Menschen. Wir allerdings haben uns der Zeit verkauft und die Ewigkeit verloren. Die ultimative Frage meines Lebens bleibt deshalb: Wie kann ich selbst erlöst werden und meine Lebenszeit nutzen, um ewigkeitstauglich zu werden?

Und für uns Christen gibt es keine dringlichere Frage als die, wie wir unsere Zeit am besten nutzen können, um andere Menschen mit dieser erlösenden Botschaft zu erreichen und damit für die Ewigkeit zu gewinnen!

Autark

Die Freiheit des Habens & die Frucht des Gebens

ES IST SCHON EIGENARTIG: AM Ende des Philipperbriefes geht es ums Geld. Nachdem Paulus so viele wesentliche Aussagen zum Glauben, zur Freude an Christus gemacht hat. Am Ende dann so etwas Banales. Bevor man sich aber richtig wundern kann, merkt man schon: ums Geld geht es nur vordergründig.

Das ist natürlich ein sehr aktuelles Thema – auch für uns Christen. In welchem Verhältnis stehen wir zum Geld, oder sollen wir dazu stehen? Wieviel ist genug? Wieviel darf ich haben? Es geht offenbar nicht ohne, aber leider oftmals auch nicht mit Geld …! Auf jeden Fall merkt man: Geld ist ein guter Diener, aber ein schlechter Herr! Noch mehr kommt da rein – nämlich die konkrete Situation hier bei Paulus: inwieweit steht dem Paulus materielle Hilfe als Gegenleistung für seinen christlichen Dienst zu?

Aber wie gesagt – es geht hier letztlich nur vordergründig ums Geld, ums Haben und Geben. Es geht vielmehr um die *Freiheit* des Habens und die *Frucht* des Gebens!

4,10–13: Die Freiheit des Habens und Empfangens

Man merkt gleich: Wenn es ums Haben geht, da weiß Paulus beide Lieder zu singen – das Klagelied des Mangels und den Jubelgesang des Überflusses. Interessant ist jedenfalls gleich einmal: Armut wird nicht als christliches Ideal verklärt, wie es immer wieder in der Geschichte des Christentums zu einer speziellen Tugend erhoben wurde. Genauso wird aber auch vor den Tücken des Reichtums gewarnt.

Wenn wir Paulus fragen, stellen wir fest – er kennt die Tücken auf beiden Seiten. Wie schon Asaf in Sprüche 31,8–9: „Armut und Reichtum gib mir nicht. Lass mich meinen Teil der Speise dahinnehmen, den du mir beschieden hast … wenn ich satt bin, könnte ich Gott verleugnen … wenn ich zu arm würde, könnte ich stehlen und mich am Namen meines Gottes vergreifen …"! Weder arm noch reich … Paulus lässt sich hier nicht festlegen auf irgendwelche Summen oder Größenordnungen. Wir hören weder eine Empfehlung hin zur Armut noch zum Reichtum. Weil es ihm eben nur vordergründig ums Geld geht. Und weil es überhaupt beim Geld nur vordergründig um das Geld selbst und um die Mittel geht, die man hat. Vielmehr geht es bei näherer Ansicht um ganz andere Fragen: Was sind die wirklichen Werte, nach denen ich lebe? Wem oder was diene ich mit meinem Leben, mit meiner Zeit und Kraft? Nach welchem inneren Kompass richte ich mich aus?

Und deshalb spricht Paulus hier eigentlich gar nicht so sehr vom Haben und Empfangen selbst, sondern von der Freiheit, die sich für ihn damit verbindet. „Ich habe gelernt, mir genügen zu lassen – wie es mir auch geht!" (V. 11).

Genügsamkeit ist das Stichwort! Im Griechischen verwendet Paulus hier den Begriff „autarkes" und sagt damit: Mein Geheimnis ist, dass ich autark bin; ich bin im guten Sinne unabhängig! Ich nehme gern, ich verzichte gern. Ich kann mich über das freuen, was ihr mir gebt. Genauso bin ich aber auch nicht davon abhängig – meine Beziehung zu euch auch nicht. Da spricht große Freiheit raus! Deshalb müssen wir uns kurz fragen: wie war das denn überhaupt bei Paulus? Er hatte immer wieder theologisch argumentiert, dass ihm für seinen Dienst an den Gemeinden durchaus auch eine Auszahlung zustehen würde. „Man soll dem Ochsen, der da drischt, nicht das Maul verbinden!" Aber interessanterweise hat er von diesem Recht für sich nur selten Gebrauch gemacht. Er hat sich weitgehend selbst versorgt – was sicher schon deshalb leichter möglich war, weil er keine Familie zu ernähren hatte …! Wenn er unter den Christen immer wieder um Spenden geworben hat, dann fast immer für andere und nicht für sich selbst. Nur hier – bei den Christen aus Philippi – da wird deutlich, dass er offenbar von ihnen schon früher mal unterstützt wurde und sich auch dieses Mal für ihre Zuwendungen bedankt!

Natürlich muss Paulus leben und braucht auch Hilfe. Aber – dabei spricht eine große Freiheit aus seinem ganzen Umgang damit. „Ich habe gelernt, mir genügen zu lassen!" *Autarkes* – Ich habe gelernt, autark zu sein! Aber – er hat es „gelernt" … und lernen tut man so etwas nun mal nicht über Nacht. Es ist fast, als ob dieser Lernprozess zwei Dimensionen hat, wir erkennen zwei verschiedene Lernbegriffe. Hier in Vers 11 geht es dem Wort nach ums richtige „Verstehen": Ich habe zunächst mal lernen müssen, das Ganze überhaupt so zu sehen, sagt Paulus. Überhaupt mal so darüber zu denken! In Vers 12 verwendet er dann einen anderen Begriff: ein interessantes Wort aus den Mysterienkulten, die man damals kannte: „Mir ist alles und jedes vertraut (wörtlich: „ich bin eingeweiht in") … satt sein und hungern!" Es ist, wie wenn man in ein geistliches Geheimnis eingeweiht wird. Und „einweihen" meint nicht nur „informiert werden" sondern befähigt werden, damit umzugehen. Da braucht es wiederholte Anweisungen und Einführungen. Da braucht es Übung und Praxiserfahrung. Da braucht es Vorbilder, von denen man sich was abschaut.

Aber es braucht noch mehr. In Vers 13 spricht Paulus davon, dass er alles vermag durch den, der ihn bemächtigt – Christus! Es braucht mehr als nur guten Willen – zum Hungern und zum Essen. Es braucht Gott selbst, der in uns schafft, was ihm gefällt. Wir sind abhängig von ihm. Deshalb hatte auch Asaf sowohl die Armut als auch den Reichtum in direktem Verhältnis zu Gott gesehen. Paulus sieht sich in seinem Umgang mit dem Geld und den materiellen Bedürfnissen unmittelbar in Beziehung zu Gott und weiß sich von ihm abhängig. Wir brauchen ihn für beides! Für den Überfluss und den Mangel! Somit wird das Geld unserem Glauben zu einem

Diener – es dient uns dazu, immer das richtige Verhältnis zu Gott zu suchen und zu pflegen.

Ich muss allerdings dazu sagen: Es ist geistlich sicher gefährlicher, viel zu haben als zu wenig. Vor Reichtum wird weit mehr gewarnt als vor Armut. Vor Habgier und falscher Sicherheit erst recht. Und wenn Paulus später hier davon spricht, dass er „Überfluss“ hat, dann würde jemand anderes, der nie Genügsamkeit gelernt hat, wahrscheinlich davon sprechen, gerade mal das Minimum und ein wenig plus zu haben. Nein, Paulus wird hier nicht zum Millionär gekürt. Er weiß nur den Cent zu ehren.

Wie auch immer. Damit unser Umgang mit dem Geld und mit der Genügsamkeit gesund bleibt und wir dabei das rechte Maß finden, gibt es ja auch noch eine andere Seite der Medaille: das Geben!!

4,14–19: Die Frucht des Gebens

Hier bedankt sich Paulus für die konkreten Zuwendungen. Er quittiert sozusagen die Spende, die ihn über Epaphroditus erreicht hat. Vielmehr aber ermutigt er die Christen, dass sie damit Recht tun. Er ermutigt sie, mit dem Geben das Richtige getan zu haben – aber unabhängig von ihm, vielmehr im Blick auf sie selbst: Dass ihr an mich gedacht habt und mir so praktisch geholfen habt, ist ein Ausdruck von etwas ganz anderem. Deshalb nennt er das „Geschenk“ hier noch anders: Er nennt es einen „lieblichen Geruch“, ein „angenehmes Opfer“; nicht zuletzt nennt er es „Frucht“ (V. 17): „Ich suche nicht die Gabe, sondern ich suche die Frucht!“ Was sagt Paulus damit? Er sagt, dass der Umgang mit dem Geld unmittelbar mit der geistlichen Wirklichkeit in Verbindung steht, in der wir leben. Paulus macht deutlich, dass geistliches Leben und geistliche Frucht nie ohne äußere Ausdrucksform bleiben; u. a. wird man an unserem Umgang mit dem Geld sehen, wieviel Gott in uns selbst bewirkt hat und wo wir stehen.

Die Frucht des Gebens – nicht die Pflicht des Gebens. Übrigens – wenn wir vorher schon beim Haben von der Freiheit gesprochen haben, so gilt das fürs Geben auch. Im Neuen Testament können wir die Pflicht des Zehnten nicht erkennen. Das darf ein Richtwert sein, den wir aus dem Alten Testament übernehmen. Aber mehr nicht – denn auch anderswo im Neuen Testament wird nicht davon gesprochen, so und so viel zu geben. Es wird ermutigt, großzügig zu sein und gern zu geben! Frucht wächst, wenn die Bedingungen stimmen. Je mehr der Obstbaum sich von Wasser und Sonne nährt, desto besser die Frucht. Je mehr wir von der Zuwendung Gottes an uns verstanden haben und je mehr wir geistlich wachsen, desto lieber und mehr geben wir anderen in Not! Interessant ist, dass im Verhältnis die weit mehr geben, die wenig haben als die, die viel haben. Oft sind nicht die Wohlhabenden die treuen Spender – meist sind es die, die gerade genug haben für sich selbst!

Die Frucht des Gebens! Die Christen in Philippi wussten sich mit Paulus beschenkt. Sie waren durch ihn zum Glauben gekommen. Waren durch ihn im Glauben gewachsen. Sie wussten sich mit ihm eng verbunden und leben im Geistlichen das, was im Weltlichen als das Prinzip des „Gebens und Nehmens" bekannt war und ist. Diese Verbundenheit drückt sich im Gebet für ihn aus. Und in der Pflege des Kontaktes, der Kommunikation. Nicht zuletzt aber auch in der ganz selbstverständlichen Frage: Wie können wir dir konkret helfen? Menschen, die geistlich von uns profitieren, haben oft in einer ganz natürlichen Weise das Bedürfnis, uns auch materiell zu unterstützen. Und zu dem Maß, dass sich die Menschen als Teil einer geistlichen Wirklichkeit erleben, zu dem Maß werden sie auch gern und großzügig geben.

Zum Abschluss dieses Abschnitts bringt Paulus dann das Geben der Philipper wieder in direkten Bezug zu Gott selbst. Vers 19: „Mein Gott wird all eurem Mangel abhelfen nach seinem Reichtum." Was für ein tolles Wort; da liegt der Grund für die Souveränität und Unabhängigkeit des Paulus seinen Spendern gegenüber: Ich weiß mich von Gott versorgt. Durch euch und ohne euch. Euer Geld an mich soll nie zu falscher Abhängigkeit führen. Gott ist unser Mittler. Und dann: Nach dem Prinzip des Gebens und Nehmens dürft ihr durchaus etwas zurück erwarten für euer Geben. Aber nicht unbedingt von mir … mein Gott, der für mich Verantwortung trägt, der wird euch versorgen. Also auch hier wieder eine sehr gesunde Weiterleitung an Gott.

Der Abschluss fügt sich dann ganz natürlich hier an:

4,21–23: Grüße und Gnadenzuspruch

Zunächst ein Ausdruck der gegenseitigen, geistlichen Zugehörigkeit. Es geht nicht nur um „euch und mich". Es geht um das viel Größere, das Jesus baut – nämlich seine Gemeinde. Ob er die nun in Philippi baut oder hier in Rom. Ob die in Häusern zusammenkommen oder hier im Palast des Kaisers.

Wenn wir beim Thema „Haben und Geben" bleiben, dann ist beides ein konkreter Ausdruck von dieser geistlichen Wirklichkeit der Gemeinschaft. Als Christen gehören wir zueinander und brauchen wir einander. Im Geben und im Nehmen. Geistlich wie materiell. Und immer wieder beides auch im natürlichen Wechsel.

Zum Abschluss dann das Gnadenwort, mit dem Paulus seine Leser grüßt und segnet: „Die Gnade des Herrn Jesus Christus sei mit eurem Geist!" Ob sie sich nun in der Erfahrung von Mangel oder von Überfluss erweist: es geht um die Gnade Jesu für unseren Geist! Dazu sei angemerkt: Manchmal sind die materiellen Mangelerfahrungen bessere Bedingungen für die Gnade Gottes und für unser geistliches Wachstum, als der Überfluss. Ein anderes Mal erleben wir die materielle Zuwendung unmittelbar als Segen Gottes und als Ermutigung unseres geistlichen Lebens und unseres Vertrauens. Was auch immer Gott uns zudenkt und wir gerade erfahren – wir wollen lernen, uns genügen zu lassen, „autark" zu sein – nicht in uns selbst, sondern in der Abhängigkeit von Gott. Autark – weil wir lernen dürfen, uns an seiner Gnade genügen zu lassen!

Wo auch immer dich das trifft, in welchem Mangel oder Überfluss du dich auch gerade befindest; ob du satt bist oder hungerst, ob körperlich oder seelisch – „DIE GNADE JESU SEI MIT DEINEM GEIST!“

Habakuk.mal!

Ein Hosianna, durchs Fegefeuer des Zweifels geläutert!

„Aber ich will mich freuen des HERRN und fröhlich sein in Gott, meinem Heil!“ Habakuk 3,18

DIES IST EINE DERART GROSSE Aussage, dass man leicht das kleine Wörtchen übersieht, mit dem dieser Satz beginnt: „Aber …!“ Ein kurzes Wörtchen, das auf eine lange Vorgeschichte hinweist. Wer nämlich glaubt, dass dieser Satz leichtfertig geschrieben wurde, der kennt Habakuk schlecht. Wenn meine Vermutung stimmt, dann sind die wenigstens von uns überhaupt schon einmal diesem Mann mit dem originellen Namen bewusst begegnet. Deshalb möchte ich uns ein wenig mit ihm bekannt machen. Vielleicht wird es uns im Gegenzug überraschen, wie vertraut dieser Habakuk mit uns ist und wie gut er uns versteht!

Habakuk ist einer der kleinen Propheten im AT. So klein, dass man ihn meist übersieht.

Habakuk ist ein ganz spezieller Name. Ich stelle mir gern vor, er hätte auch *Haba* heißen können. Und eines Tages sagte Gott dann zu ihm: „Haba, kuck mal …!“ Seitdem hat er seinen Namen weg: Habakuk. Nein, ernsthaft: In Wirklichkeit tut Habakuk genau das – er guckt, er bekommt etwas von Gott gezeigt. Und das was er sieht, das macht etwas mit ihm! Was genau er sieht und was das mit ihm macht, das lesen wir in den drei Kapiteln, die wir im Propheten Habakuk finden. Diese drei Kapitel nehmen uns mit auf eine Reise vom Leiden zum Loben. Oder vielmehr: Habakuk zeigt uns, wie der Glaube echt wird!

Wie kommt es dazu? Was Habakuk zunächst sieht, löst alles andere als Lob und Freude bei ihm aus. Was er sieht, wirft viel mehr enorme Fragen und Zweifel auf. Denn er schaut sich die Welt mal richtig an, in der er lebt. Und er kriegt die Krise! Eine Welt, versunken in Gottvergessenheit. Später nennt er es konkreter beim Namen und wir haben das Gefühl, Habakuk sei unser Zeitgenosse. Denn was Haba guckt, kommt uns sehr vertraut vor: rücksichtslose Gier, falsche Sicherheiten, Machtmissbrauch und Selbsterhöhung, schamlose Ausbeutung und nicht zuletzt eine Religiosität, von der man sich unterm Strich nur betrogen weiß.

Habakuk leidet an der Gottvergessenheit seines Volkes. Die Tragik des Propheten ist aber eine ganz andere. Vielmehr als an der Ablehnung Gottes in seinem Volk leidet er an der scheinbaren Abwesenheit Gottes überhaupt: „Gott, wo bitte bist du? Ich rufe um Hilfe, und du reagierst nicht." Habakuk ist ein Mann, der schier an Gott verzweifelt. An Gottes Abwesenheit. Auch wenn das Buch mit einem Lob endet, beginnt es mit verzweifelten Rufen, die uns sehr vertraut klingen: „Herr, wie lange noch? Herr, warum ...?"

Leiden an der Gottvergessenheit der Welt ist eine Sache. Leiden an dem Gefühl, dass Gott uns vergessen hat, nochmal eine ganz andere.

Und dann finden wir mitten in diesem schweren Buch eine Aussage, die Geschichte geschrieben hat und im Neuen Testament dreimal an entscheidender Stelle zitiert wird: „Der Gerechte aber wird aus Glauben leben" (2,4).

Aber – wie bitte sollen wir noch glauben können, wenn Gott uns offenbar vergessen hat und er keinen Unterschied mehr zu machen scheint in dieser Welt! Was bitte bleibt uns da noch von unserem Gottvertrauen? Trotz aller Verzweiflung hört Habakuk aber nicht auf zu glauben. Vielmehr macht er eine großartige Entdeckung, an der er uns teilhaben lässt: Krisen sind Chancen, damit unser Glaube echt wird. „Der Gerechte aber lebt aus Glauben" – „Ja, *aber* …", wieder dieses kleine Wörtchen, das den großen Unterschied macht. Dieser Glaube darf sich nicht den echten Problemen und echten Fragen einer echten Welt versperren! *Habakuk lebt in einer echten Welt, er ringt um echte Antworten von einem echten Gott, mit dem ihn ein echter Glaube verbindet!* Ja – das letzte Wort bei dem Propheten hat die gute Nachricht: Gott ist mein Heil! Bis dahin aber ist es ein steiniger Weg!

Ich habe im April 2008 eine Reise mit der transsibirischen Eisenbahn unternommen. 7.982 Kilometer quer durch Russland. Mein Ziel war *Blagoweschensk*, eine Stadt im fernen Osten, an der chinesischen Grenze. Eine Stadt mit einer einzigartigen Namensbedeutung: „Verkündigung des Evangeliums". Ich war also unterwegs zur Stadt der guten Nachricht. Der Beginn meiner Sechs-Tagereise war allerdings Moskau. Und Moskau ist alles andere als gute Nachricht …! Diese Zugfahrt ist mir zu einer geistlichen Reise geworden.[3] Unterwegs habe ich nicht nur die Zeit genutzt, um mich erstmals näher mit Habakuk zu beschäftigen, sondern auch mit einem seiner russischen Seelenverwandten: dem großen Dichter Fjodor Michailowitsch Dostojewskij. Der ist nicht nur einer der großen Vertreter der russischen Seele, sondern auch des russischen Leidens – und des menschlichen Leidens überhaupt. Der Schriftsteller war ständig geplagt von Geldsorgen, Beziehungsnöten und körperlichen Krankheiten. Dass er trotzdem ein derart monströses Lebenswerk schaffen konnte, bleibt vielen ein Rätsel.

Was viele außerdem nicht wissen ist, dass Dostojewskij Christ war. Allerdings kein selbstverständlicher Christ. Manche Kritiker warfen ihm später vor, ein naiver Christ zu sein, ein leichtfertiger

---

3 Meine (un-)orthodoxen Reisenotizen sind 2011 bei edition winterworks erschienen und dort erhältlich unter dem Titel: *Propheten, Dichter, Atheisten und andere Narren – Wie mich Russland beten lehrte.*

Christ. Die Antwort, die der Schriftsteller daraufhin in einem persönlichen Brief gibt, hätte auch von Habakuk kommen können: *„Ich glaube an Christus und bekenne mich zu diesem Glauben. Allerdings nicht wie ein Kind, sondern mein Hosianna ist durch das große Fegefeuer der Zweifel hindurch gegangen.“* Dostojewskij hat mich auf meiner Reise in die „Stadt der guten Nachricht“ begleitet. Ähnlich lädt uns Habakuk heute auf eine persönliche Reise ein, vom Leiden zum Loben, vom Verzweifeln zum Vertrauen, von den Fragen zur Freude! Und das Ergebnis ist ein echter, authentischer Glaube! Da will Gott uns haben! Einige Beobachtungen und Stationen will ich mit uns teilen. Haba sagt sozusagen: Kuck mal, wie es mir erging und was du von mir lernen kannst.

Er verweigert sich der Schönfärberei und der Flucht in eine Scheinwelt. Habakuk entscheidet sich, echt zu sein. Die Welt macht sich selbst schon genug vor. Man gibt sich allzu leicht mit leichtfertigen Antworten zufrieden. Habakuk sagt uns: Schau deiner Welt ins Auge. Guck nicht weg, wenn es um die Gottlosigkeit geht – um dich herum oder auch in deinem eigenen Leben. Habakuk sagt uns aber auch, dass es okay ist, den eigenen Fragen Gott gegenüber ehrlich zu begegnen.

Wir lernen von Habakuk, echt zu sein. Offen und ehrlich zu beten. Aber eben das ist das zweite, was wir sehen: *Egal wie groß die Verzweiflung und wie schwer die Fragen – er kommt damit zu Gott.* Er verweigert sich nicht dem Gebet. Das wirkt fast wie ein Widerspruch: der Prophet beschwert sich bei Gott über Gott! Er wirft Gott vor, ihn vergessen zu haben und nicht zu handeln – aber er wirft es wenigstens Gott vor! Das heißt: inmitten seiner Zweifel und seiner Vorwürfe wendet sich Habakuk an die einzige Adresse, von der er wirklich Hilfe erwarten kann: Gott!

Und dann kommt die Antwort. Gott reagiert auf sein Rufen. Wie er es immer tut, wenn wir zu ihm beten. Nur dass er sich dabei nicht immer an unseren Zeitplan hält oder sich nach unseren Wünschen richtet. Aber Gott antwortet – aber was er zu sagen hat, sorgt erst recht für Verwirrung beim Propheten. Okay Gott, *dass* du mir endlich geantwortet hast, rechne ich dir hoch an. Aber *was* du mir da mitteilst, kann doch wohl nicht dein Ernst sein. Der arme Kerl, er hat es mit Gott wirklich nicht leicht. Es entspannt sich ein reger Dialog zwischen Habakuk und seinem Gott. Und je länger man dem zuhört, desto deutlicher wird die Liebe, mit der Gott sich auf diesen hartnäckigen Propheten einlässt. Gott räumt uns grundsätzlich das Recht ein für Beschwerden und Zweifel. Er stellt sich sogar als Klagemauer zur Verfügung. Gott kann eine Menge einstecken! Er kann eine Menge ertragen. Solange wir nur unsere Vorwürfe auch wirklich vor ihn werfen und uns mit allen Zweifeln ihm zuwenden. Die Tatsache, dass Habakuk sich mit allen Fragen, Problemen und Zweifeln Gott öffnet und anvertraut, ist zutiefst ein Ausdruck seines Glaubens! Er bleibt damit nicht allein, er sucht seine Antwort nicht bei sich selbst oder anderen Sinnangeboten – nein, er vertraut sich Gott an!

Und dann entdecken wie etwas bei Habakuk, das er mit vielen Psalmschreibern und Betern in der Bibel gemeinsam hat. Während er seine Klagen *an* Gott formuliert, macht er sich gleichzeitig seine Gewissheiten *über* Gott bewusst (V. 12–13). *Habakuk stellt seine Zweifel in den Kontext seiner Gewissheiten.* Er macht sich bewusst, mit welchem Gott er es zu tun hat: Gottes Wesen und Gottes Absichten!

Es scheint, als hätte Habakuk tatsächlich von den Psalmisten gelernt. *Psalm 42* drückt in einer wunderschönen Weise beides aus: die Sehnsucht nach Gott und die Verzweiflung über ihn. Besonders Vers 10: „Ich sage zu Gott meinem Fels: Warum hast du mich vergessen?“ Mitten in seiner Verzweiflung bekennt er sich zu seiner Gewissheit, dass Gott sein Fels ist! Das ist ein Geheimnis des Glaubens: *„Never doubt in the dark what God has shown you in the light.“* sagt Warren Wiersbe dazu. Stelle niemals im Dunkeln das in Frage, was Gott dir bei Tageslicht gezeigt hat. Wenn uns also viele Fragen beschäftigen, ist das okay. Die wichtigste Frage aber ist: was sind meine Gewissheiten? Was habe ich bereits mit Gott erlebt? Was habe ich bereits erkannt? Was will ich mir auf keinen Fall nehmen lassen?

Habakuk zeigt uns, wie wir unsere *Verzweiflung durch Vergewisserung überwinden* können! Vergewisserung über Gott, über seine Existenz (Ich bin da!), Vergewisserung über sein Wesen (Ich bin Liebe) und Vergewisserung über seine Absichten (Ich bin dein Heil!). Gott ist mein Heil. Bei dieser Gewissheit landet Habakuk schlussendlich. Bei seinem Bekenntnis zu Gott – und bei der Entscheidung zur Freude: „Aber ich will mich freuen in Gott, meinem Heil!"

Dahin wäre Habakuk aber nie gekommen, wäre er nicht in Kapitel 1 auf einen einsamen Turm gestiegen und hätte sich entschieden, einfach mal nur auf Gott zu warten und ihn reden zu lassen.

Das tut Gott dann auch. In Kapitel zwei erklärt sich Gott ausführlich. Zwei große Aussagen trifft Gott dort und es ist wichtig, dass diese bei uns ankommen: *Zum einen* lässt Gott den Propheten sehen, dass er das letzte Wort haben wird. Es wird regiert und es wird gerichtet. Man kann sich nicht gegen Gott entscheiden, ohne dass Gott sich am Ende gegen uns entscheidet. Gott hat das letzte Wort. *Das andere* ist eine Antwort auf Habakuks Angst. Denn bei ihm war die echte Angst gewachsen, dass Gott ihn ebenso richten könnte wie all die Menschen, die ohne Gott leben. Er hatte Angst, dass sein Glaube umsonst sein könnte. Darauf antwortet Gott sehr tröstlich: „Der Gerechte wird aus Glauben leben." Gerecht ist, wer sich im Glauben an Gott festmacht. Und du, lieber Habakuk, hast nichts anderes getan – du hast dich an mich geklammert, so verzweifelt du auch gewesen bist. Du hast echten Glauben bewiesen. *Keine Sorge – du wirst leben!*

Wenn am Ende also die Freude steht über den Gott, der sein Heil ist, dann meint Habakuk genau das: ich habe verstanden und in Anspruch genommen, dass ich leben werde – weil Gott mich vor dem Gericht erlöst und mich gerecht spricht!

Das ganze Kapitel drei ist eigentlich Habakuks abschließende Antwort auf Gottes Reden.

Ein starkes Gebet – und nichts anderes als eine einzige Vergewisserung über Gott. Was mit dem Leiden an der scheinbaren Abwesenheit Gottes beginnt, mündet hier in eine große, neue Sicht Gottes. Einer der schönsten lyrischen Texte in der Bibel. Ein Liedtext – ein Lied über Gott: Habakuk besingt, dass Gott uns entgegenkommt, dass Gott mächtig eingreifen wird und in dieser Welt das letzte Wort haben wird. Habakuk kann dieses Gebet aber erst sprechen, nachdem Gott ausführlich zu Wort gekommen war im Kapitel zuvor. Gebet ist letztlich immer nur eine Antwort auf Gottes Reden. Gebet kann Gott eigentlich nur sein eigenes Wort zurückgeben! Habakuk betet und je länger er betet, desto größer wird sein Staunen über Gott. Und mit seinem Staunen über Gott wächst auch sein Vertrauen in Gott.

Kein Wunder, dass die Freude schließlich das letzte Wort hat. Aber es ist ein Hosianna, das durch das große Fegefeuer der Zweifel und des Ringens hindurch gegangen ist. Habakuks Glaubensbekenntnis wurde schwer geprüft, dafür ist es authentisch und echt. Er hat sich den echten Fragen einer echten Welt gestellt. Und er hat seine Fragen einem echten Gott gestellt, mit dem ihn ein echter Glaube verbindet.

Gott ist mein Heil! Was Habakuk hier am Schluss über Gott sieht und bekennt, hat eine Dimension, die sich nicht ohne Jesus Christus erklären lässt. In seinem Gebet entdecken wir eine prophetische Schau auf Christus. Gott ist mein Heil – Jesus bedeutet auf Hebräisch: „Gott ist Rettung"! Wenn uns Habakuk also auf eine persönliche Glaubensreise einlädt, dann ist sein definiertes Ziel eindeutig die gute Nachricht von Jesus Christus.

Bei Christus landete auch F.M. Dostojewskij und er hat seine persönliche Odyssee des Glaubens in einem bewegenden Bekenntnis festgehalten:

> *„Ich will Ihnen von mir sagen, dass ich ein Kind meiner Zeit bin, das heißt ein Kind des Unglaubens und der Zweifelsucht und es wohl bis an mein Lebensende blei-*

ben werde. Wie entsetzlich quält mich die Sehnsucht nach dem Glauben. Und doch schenkt Gott zuweilen Augenblicke vollkommener Ruhe. In solchen Augenblicken habe ich mir mein Glaubensbekenntnis aufgestellt, in dem wir alles klar und heilig ist. Es ist höchst einfach, hier ist es: Ich glaube, dass es nichts Schöneres, Tieferes, Sympathischeres, Vernünftigeres, Männlicheres und Vollkommeneres gibt als den Heiland."

Mit Habakuk und mit Dostojewskij sind auch wir eingeladen, bei Christus anzukommen. Denn in Christus macht sich Gott in seiner unendlichen Liebe eins mit uns Menschen. Das fand seinen Höhepunkt am Kreuz, als der gekreuzigte Sohn Gottes rief: „Mein Gott, warum hast du mich verlassen?" Am Kreuz macht sich Gott eins mit unserer Gottverlassenheit, unserer Verzweiflung und auch mit unserer Gottlosigkeit. In Christus stirbt Gott sogar unseren Tod. Das allein wäre aber noch kein Heil. Denn ein toter Jesus ist keine große Hilfe. Erst als Auferstandener beweist er sich als Gott und als mächtiger Helfer. Auch die Jünger waren nach dem Tod Jesu verzweifelt wie Habakuk und fühlten sich von Gott alleingelassen. Der Auferstandene ist die Antwort Gottes: Ich bin da! Allen Ängsten zum Trotz!

Der Gerechte wird aus Glauben leben. Jesus spricht uns gerecht – wenn wir an ihn glauben. Wenn wir in Anspruch nehmen, dass er für uns und unsere Schuld gestorben ist. Wenn wir in Anspruch nehmen, dass sich Gott durch Jesus völlig mit uns eins gemacht hat und um uns weiß.

Der Gerechte wird aus Glauben leben. Wenn wir uns im Glauben an dem festmachen, der den Tod überwunden hat und lebt. Weil Jesus lebt, haben wir Grund zu hoffen und uns zu freuen. Allen Zweifeln und allen Fragen unseres Lebens zum Trotz.

Ich weiß nicht, wo genau auf dieser Reise mit Habakuk sich jeder von uns befindet. Ist es noch die zweifelnde oder verzweifelte

Anfangsphase und du fragst dich, wo um alles in der Welt sich Gott nur versteckt. Oder ist es die Angst, dass alles Glauben vielleicht doch am Ende keinen Zweck hat? Dass im allgemeinen Sog einer krisengeschüttelten Welt auch mein eigenes Leben mit baden gehen könnte? Wo auch immer wir uns befinden. Gott macht uns durch seinen Propheten Habakuk Mut zu einem ehrlichen Umgang mit ihm. Er lädt uns zum Gespräch. Er will wissen, was uns wirklich bewegt. Dafür aber braucht es den Mut, sich ihm wirklich anzuvertrauen. Es braucht den Mut, ihm wirklich alles vorzuwerfen. Andere dürfen die Entscheidung treffen, sich inmitten der Zweifel die gewachsenen Gewissheiten in Erinnerung zu rufen. Vielleicht ist gerade auch mal dran, auf die Warte zu klettern und ganz Ohr zu sein für das, was Gott zu sagen hat. Zeit nehmen für Gottes Wort. Gott eine echte Chance einräumen, sich zu erklären.

Grenzüberschreitung

Mission: Die Welt ist nicht genug! Wir uns auch nicht?

DIE WELT SCHEINT SICH NÄHER zu kommen und zusammenzuwachsen, wir sprechen von der sog. Globalisierung. Die Welt wird zum Dorf. Der heutige Mensch ist mehr denn je ein Kosmopolit, ein Weltenbürger, der oftmals in verschiedenen Welten gleichzeitig zu leben scheint. Dazu verhilft uns das Internet, aber auch die größere Mobilität – es ist viel leichter geworden, um den Globus zu reisen mit dem Flugzeug. Man macht schneller mal Urlaub an Orten, von denen Menschen früher maximal gehört haben. Und man studiert, lebt und arbeitet auch leichter in fernen Ländern als früher. Von den Flüchtlingsströmen mal ganz abgesehen – wo unzählige Menschen z. B. nach Europa kommen und ihre Kultur, Sprache und Religion natürlich mitbringen.

Überhaupt scheint es in unserer Welt ein Einheitsbestreben zu geben. Übergänge und Grenzen werden fließender, die Akzeptanz des Anderen wird proklamiert. Gleichzeitig aber werden ethnische und kulturelle Spannungen größer. Weil die Überfremdung den Menschen Angst macht. Ausländerfeindlichkeit macht sich breit und bietet sich als dankbares politisches Thema, wenn man punkten will. Wir haben furchtbare Kriege erlebt in jüngster Vergangenheit – nicht weit von unserer Haustür – wo es um „ethnische Säuberungen" ging, wo sich Nachbarn und Mitbürger gegenseitig gemordet und bekriegt haben, nur weil sie eine andere Kultur und Volkszugehörigkeit hatten.

Ich glaub, wir wissen nicht so recht, ob wir uns über das Zusammenrücken der Welt freuen sollen oder nicht. Unsere Welt scheint regelrecht damit überfordert. Denn während man einerseits davon profitiert, ist man zugleich schwer überfordert. Die wesentliche Frage aber lautet: Wie gehen wir als Christen damit um? Einerseits sind wir Bürger dieser Welt, Menschen wie alle anderen. Anderseits aber sind wir nicht wirklich von dieser Welt. Wie Jesus es sagt: »Ihr seid in dieser Welt, aber nicht von dieser Welt». *Wir leben zwar in einer Welt, aber in zwei Wirklichkeiten.*

Eine Welt, die dem Unheil verfallen ist durch die Sünde

Was unser Thema angeht, wird es wohl immer diese zwei konkurrierenden Tendenzen geben, die beide keine Zukunftsaussicht haben: Ethnische Exklusivität und Rivalität einerseits, Einheitsbestrebungen anderseits – aus Macht- und Wirtschaftsinteressen. Ohne Jesus kann es keine echte Lösung für die Probleme der Völkergemeinschaft geben. Ohne Jesus wird diese Spannung nicht aufgelöst werden können.

Das biblische Paradebeispiel dafür ist der Turmbau zu Babel, als die Menschheit vereint war mit einer Sprache und in dieser Gemeinschaft Großes anstrebte – allerdings ohne Gott; unter der Herrschaft der Sünde, des Machtstrebens, des Stolzes... und Gott wusste, dass das nicht gut gehen konnte. Deshalb griff er ein, indem er die Sprachen verwirrte und so das Potential zur Gemeinschaft vorerst lahmlegte ... Erst viel später hat er diese Barriere wieder gelöst – als er zu Pfingsten die Sprachen wieder verband und das Potential zur Gemeinschaft ganz neu gestärkt hat. Warum? Weil inzwischen Jesus gekommen war, der eine, der allein Menschen wirklich zusammenhalten kann.

Und als Christen leben wir nun in beiden Welten. In der einen Welt, die ohne Jesus ist – wie eben beschrieben – und in einer anderen Welt, in der Jesus das Sagen hat:

Eine Welt, die vom Heil Gottes erfasst wird durch Jesus

Was für ein Wunder und wunderbarer Kontrast zu dem, was wir um uns oft erleben – wie Menschen unterschiedlicher Kulturen und Sprachen einander in Christus begegnen, lieben, verstehen. Wo Barrieren überwunden und alte Feindschaften begraben werden. Wo der andere nicht angenommen wird, weil er mir so ähnlich ist, sondern gerade weil er so anders ist. Darum ging es Gott immer schon in seiner Heilsgeschichte mit dieser Welt. Er sucht den Weg zu allen Menschen, zu allen Völkern, Sprachen und Kulturen. Gott sammelt sich ein neues Volk – nicht eine Familie der Völker, sondern eine Familie aus allen Völkern! Eine multikulturelle, internationale Gemeinschaft.

Daraus ergeben sich für uns Christen drei Dinge:

1. *Unser Vorrecht*
2. *Unsere Verantwortung*
3. *Unsere Vorwegnahme des Himmels*

1. Unser Vorrecht

Weil Gott sich selbst nicht genug war, hat er uns Menschen gesucht. Gott ist zum Grenzüberschreiter geworden und uns entgegengekommen – obwohl wir so anders waren und ihm gegenüber so feindselig eingestellt.

Wir wissen um unser Vorrecht, weil Gott sich nicht nur auf ein einzelnes Volk eingespielt und Israel kein Exklusivrecht eingeräumt hat. Ja, Israel hat eine besondere Stellung unter den Völkern, weil Gott sich entschieden hat, sich in diesem Volk speziell zu offenbaren und auszudrücken – und diesem Volk mehr Erfahrungen mit ihm zu gönnen, als vielen anderen. Ja – er hat mit diesem Volk besondere Geschichte geschrieben. Und was hat uns Gott durch das Volk der Juden gesegnet! Aber – Gott hat nie einen Zweifel daran gelassen, dass Israel Missionsvolk sein sollte. Ein Instrument Gottes zum Heil für alle Völker! Dass Gott zunächst mit Israel seinen Weg ging und auch Jesus sich in seinem Dienst zunächst mehr auf das jüdische Volk konzentrierte, war *Mittel zum Zweck*.

Wenn sich Gott gegen eine Marotte Israels mit aller Härte gewehrt hat, dann gegen ihren Stolz, gegen ihre Exklusivität und ihren Anspruch, besser zu sein als andere Völker. Immer wieder sind sie in die zutiefst menschlichen Muster verfallen, wo man sich als Volk oder Kultur über andere erhebt. Aber das ist nicht Gottes Haltung. Jesus ließ nie einen Zweifel daran, dass sein Heil allen Menschen gilt. Deshalb ja u. a. auch der Missionsbefehl mit dem Auftrag, alle Nationen zu seinen Jüngern zu machen. Deshalb ja auch die Apostelgeschichte, wo das Evangelium nicht nur den Juden verkündigt wurde, sondern speziell durch Paulus auch den Heiden und Völkern. Und so kam es auch nach Europa – wo ausgerechnet eine Frau die erste Empfängerin des Evangeliums wurde, Lydia aus Philippi. So kam die Botschaft auch zu uns – weil es Missionare gab, die sich im Auftrag Jesu wussten und uns das Evangelium gebracht haben.

Die weltweite Dimension des Glaubens ist zuallererst unser Vorrecht – als Nichtjuden! Als Menschen aus den Völkern, ausgerechnet aus den ursprünglich barbarischen Völkern des römischen Nordens. Gott hat uns gemeint, gesehen, gesucht, gefunden! Obwohl wir es vielleicht zu allerletzt verdient hätten. Ein Vorrecht eben – kein Recht, auf das wir pochen dürfen. Ein Vorrecht der Gnade!

Vorrecht, aber ebenso auch Verantwortung!

2. *Unsere Verantwortung*

Zunächst mal, *um uns selbst nicht genug zu sein*. Denn die ethnische Rivalität und Exklusivität macht auch vor der Gemeinde Jesu nicht halt. Immer wieder sind dadurch tiefe Verletzungen entstanden, weil Christen einander abgelehnt haben, eben *weil* sie so unterschiedlich waren. Elitäres Denken hat in der Gemeinde Jesu keinen Platz! Ethnische Vorlieben ebenso wenig. So schön es ist, eine Heimat zu haben und zu lieben! Aber in Jesus gibt es keine Vorzugskultur! Um damit aufzuräumen, hatte schon Paulus seine liebe Not im Neuen Testament. Petrus war z. B. der Judenmissionar. Aber seine

Gefahr war nicht zuletzt, immer wieder in die alten Muster rein zu rutschen und die Juden den Heiden vorzuziehen. Da ging sein Apostelkollege Paulus mitunter vehement gegen an! Und auch Gott musste sehr kreativ werden, um Petrus zu verdeutlichen, dass es in Bezug aufs Heil keinen Unterschied mehr gibt durch Jesus – so kulturbewusst Gott auch handelt. So groß der Respekt vor den unterschiedlichen Kulturen, Sprachen und Prägungen auch ist und sein muss. So sehr es die Achtsamkeit aufgrund der Vorbehalte und historischen Entwicklungen braucht: Der große Ruf im Neuen Testament ist es, dass in Jesus alle eins sind – Frauen und Männer, Sklaven und Herren, Griechen und Juden! Das heißt also, wir haben kein Recht zur Selbstgenügsamkeit! Ganz im Gegenteil – wir haben die Verantwortung, proaktive Grenzüberschreiter zu sein, wir sind gesandt zu Menschen anderer Sprache, anderer Rasse und Kultur, um ihnen die gute Botschaft zu bringen, die uns selbst erreicht hat!

Wir wurden gesucht und gefunden, und nun ist es unser Auftrag, selbst zu senden oder zu gehen, um Menschen zu erreichen jenseits der Grenzen! „Darum gehet hin und machet zu Jüngern alle Völker …!"

Der bekannte Missionstheologe G. F. Vicedom hat den Satz geprägt: *„Die Kirche hat die Wahl, den Befehl zur Weltmission zu leben oder aufzuhören, Kirche zu sein!"* Die Globalisierung, die ohne Jesus Fluch sein kann, bedeutet für die Verkündigung des Evangeliums auch Segen, denn die Welt rückt zusammen, die Grenzen werden fließend … in dem Sinne wird uns der Auftrag zur Verkündigung und Schulung unter allen Nationen leichter gemacht. Auch das Phänomen der Flüchtlingsströme ist nicht zuletzt eine Chance für das Evangelium! Denn die Menschen kommen zu uns, lernen unsere Sprache, lassen uns hier Anteil haben an ihrer Kultur und Tradition. Natürlich macht das dem Menschen erstmal Angst. Aber sehen wir das doch aus Gottes Perspektive – das sind alles Menschen, die verloren sind ohne Gott. Die aber menschlich auch sehr enttäuscht sind von vielem, was sie bisher als vertrauenswürdig kannten. Sind heimatlos, sind hoffnungslos. Was für eine Chance, sie mit dem Evangelium zu empfangen.

Warum kommen so viele Iraner in Europa zum Glauben an Jesus? Warum boomt die Mission unter Flüchtlingen? Die weltweite Dimension des Glaubens ist nicht nur ein unermessliches *Vorrecht* für uns sondern auch ein Auftrag und eine *Verantwortung*, der wir uns nicht entziehen dürfen! Natürlich hat das durchaus auch etwas Unbequemes. Es kann mitunter schmerzvoll sein, liebgewordenes zurücklassen zu Gunsten anderer Menschen. Niemand hat je behauptet, dass Mission gemütlich ist. Es kostet, seine geliebte Heimat aufzugeben, neue Sprachen zu lernen, sich an eine andere Kultur anzupassen. Aber nur wer diesen Preis zahlt und das Wagnis eingeht, kann erleben, wie unendlich wertvoll das ist. Wie viel man dadurch gewinnt und lernt; wie sehr man selbst bereichert wird!

3. *Unsere Vorwegnahme des Himmels*

Und bei all dem lebt unser Glaube und die Gemeinde Jesu von der Vorwegnahme des Himmels. Denn dort wird das, was wir bisher als Vorrecht und Verantwortung angesprochen haben, herrliche und endgültige Realität sein. Der Himmel gehört allen Menschen aus allen Völkern, Sprachen und Zeiten, die je an Jesus glaubten und zu ihm gehören. Das wird ein Getümmel und eine ewige, schier endlose und wunderbare Vielfalt sein, wo man wohl aus dem Staunen nicht mehr rauskommt. Da sehe ich Italiener und Südtiroler miteinander Pizza essen und Knödel genießen – denn sie werden die Schuld und Spannungen der Vergangenheit überwunden haben und haben kein Land mehr, das sie trennt, sondern ein Reich, das sie eint! Da sehen wir Araber und Juden, Menschen aus dem muslimischen Kulturkreis und Menschen aus dem christlichen Kulturkreis, da sehen wir Urwaldbewohner, die kaum etwas kennen als Bäume, neben Eskimos, die kaum etwas kannten als Eis.

Ich freue mich drauf, die Bibelschüler meines damaligen Jahrganges in England wiederzusehen – 180 Christen aus 35 Nationen. Ich freue mich drauf, endlich mit meiner eigenen Verwandtschaft viel Zeit zu haben – die inzwischen auch sehr bunt und international geworden ist: Deutschland, Schweiz, Österreich, Madagaskar, Zentralafrika, China, Russland – alles ist vertreten. Ich freu mich drauf, meinen Trauzeugen Ham Tjeng Sin wiederzusehen, einen chinesisch-stämmigen Indonesier, der inzwischen schon bei Jesus ist. Und neben meinen lieben Freunden aus Blagoweschensk in Fernost-Russland freue ich mich auch auf Leute von den *Nainai*, einem Stamm von Taigabewohnern am Oberlauf des Amurs, denen Oleg Smirnow von Jesus erzählt. Ich freue mich auf die vermummten Männer und Frauen aus Nordafrika, die durch TV-Sendungen zum Glauben an Jesus kommen – unter ihnen ein Scheich aus Libyen, der sich mitsamt seiner ganzen Familie taufen ließ, inmitten einer muslimischen Umwelt.

All das erwartet uns im Himmel. Das wird wunderbar! Denn Menschen aus aller Welt werden damit beschäftigt sein, den Einen anzubeten, der all das erst möglich gemacht hat.

Den einen Brückenbauer, der die Menschen auf eigene Kosten verbindet. Den wunderbaren Grenzüberschreiter, der keinen Menschen aufgrund seiner Hautfarbe oder Kultur abgelehnt hat sondern sie vielmehr aufgesucht hat, der so wurde wie sie, um einige von ihnen für das Heil zu gewinnen!

Die ganze Welt wird damit beschäftigt sein, in tausend Zungen und unzähligen Sprachen, leise und laut, tanzend oder sitzend, den Einen anzubeten, der diese Anbetung verdient: Jesus Christus, Löwe und Lamm! Sie alle werden einen gemeinsamen Fokus haben, der sie verbindet: Jesus! Ihr Gastgeber bei großen Mahl. Sie werden um einen Tisch versammelt sein und staunen, wie gut sich dieser Jesus mit den kulinarischen Geheimnissen auskennt. Es wird jedem schmecken an diesem Tisch – auch wenn die Geschmäcker auf der Erde extrem unterschiedlich waren.

Sie alle werden schmecken und sehen, wie freundlich Gott ist, weil er uns Jesus gab! Sie alle werden Jesus anbeten als den, der sie alle teuer erkauft hat. Der sie alle zum Preis seines eigenen Lebens für sich gewonnen hat aus allen Nationen!

Das ist der Himmel! Das ist unsere Zukunft. Was aber hat das mit unserem Glauben heute, hier und jetzt zu tun? Unser Glaube lebt von der Vorwegnahme des Himmels! Wir sind dazu berufen, das, was den Himmel ausmacht, auch hier und heute schon anzunehmen und zu leben. In Phil. 3,20 wird uns Christen gesagt, dass „unser Bürgerrecht im Himmel" ist. Die christliche Gemeinde wird hier als eine sog. „Kolonie des Himmels" beschrieben. Dahinter steckt das Konzept der römischen Kolonien. Natürlich wollte mal als römischer Bürger gerne mal nach Rom, in die Hauptstadt. Viele mussten sich aber lange mit einer römischen Kolonie begnügen. Die galten offiziell als Außenbezirke Roms. Zwar weit weg vom römischen Zentrum, aber dem Original zum Verwechseln ähnlich. Dort galten dieselben Gesetze, dort sprach man dieselbe Sprache, da pflegte man dieselbe Kultur. Jemand hat das so beschrieben: Wenn man dir die Augen verbunden hätte und dich mit dem Helikopter irgendwo hingeflogen und in so einer Kolonie abgesetzt hätte, wenn man dir dort die Augenbinden abgenommen und dich gefragt hätte, wo du bist, dann hätte es gut sein können, dass du dich zunächst in Rom gewähnt hättest – denn die Kolonie war ganz nach dem Vorbild Roms eingerichtet.

Die Gemeinde Jesu soll ein Abglanz, eine Kolonie des Himmels sein. Unser Glaube lebt davon, dass er die Wirklichkeit des Himmels vorwegnimmt. Es gilt, täglich neu das Vorrecht zu feiern, dass wir dazu gehören dürfen. Uns darin zu üben, uns selbst nicht genug zu sein – vielmehr den Weg zu anderen Menschen zu suchen im Namen Jesu – gerade auch wenn sie so ganz anders sind, so fremdartig und ausländisch! Es gilt, unsere Verantwortung wahrzunehmen, denn Jesus hat gesagt: „Geht hin und machet zu Jüngern alle Nationen, taufet sie … und lehret sie halten, alles, was ich euch geboten habe. Und siehe, ich bin bei euch, alle Tage bis an der Welt Enden!"

„Dieser Weg …“

Ein Song der „Söhne Korachs“: Bei Gott zuhause! (Psalm 84)

WIE SEHR DOCH LIEDER UNS begleiten und unser Leben prägen! Manche davon sind regelechte Ohrwürmer. Und gerade darin liegt auch ihre Stärke: Sie bleiben hängen, sie gehen mit!

Psalm 84 ist so ein Lied, ein lyrisches Gebet, das vertont und gesungen wurde. Es gibt Hinweise zur Instrumentalisierung und Begleitung: „Auf der Gittith“. Dieser Song ist offenbar eine Gemeinschaftsproduktion der „Söhne Korachs“. Wir kennen heute eher die „Söhne Mannheims“ mit Xavier Naidoo, die mitunter auch wertvolle Texte und Gebete verfassen. Hier sind es die Söhne Korachs.

Ich habe erst kürzlich ein Interview mit einem deutschen Musiker gesehen, der wahllos zu diversen Textzeilen seiner Lieder befragt wurde … Sehr aufschlussreich, wenn man fragt, was sich die Komponisten und Texter jeweils denken. So wollen wir es bei diesem Lied der Söhne Korachs auch halten.

Das Lied lässt sich in zwei Strophen gliedern:

Strophe 1: Bei Gott zuhause! (V. 2–4)
Bridge (V. 5–6)
Strophe 2: Unterwegs und doch daheim! (V. 7–11)
Fadeout … (V. 12–13)

V. 2–5: Bei Gott zuhause!

Das Haus Gottes wird besungen und mit verschiedenen Begriffen und Bildern beschrieben!

V. 2: „Wie lieb sind mir deine *Wohnungen* („Tabernakel") …"
V. 3: „Meine Seele sehnt sich nach deinen *Vorhöfen …"*
V. 4: „Der Vogel hat ein *Haus* (*bayrith*/Heim) gefunden, die Schwalbe ein Nest …"
V. 5: „Wohl denen, die in deinem *Hause* (*bayrith*/Heim) wohnen …"

Man könnte die Söhne Korachs fragen: Aus eurem Lied hört man eine regelrechte Sehnsucht raus, ein Heimweh … was steckt dahinter?

Die Antwort mag lauten: Als Israeliten sind wir einmal oder häufiger im Jahr nach Jerusalem gezogen zum Tempel – früher war es die Stiftshütte. Und dieses Lied besingt das, was wir mit diesem Haus verbinden… es drückt aus, wie wertvoll uns der Aufenthalt dort am Hause Gottes ist… eine Sehnsucht, die uns durch das ganze Jahr begleitet und eine Vorfreude auf den nächsten Besuch auslöst.

Ein anderer Sohn Korachs fügt vielleicht hinzu: Aber auch wenn hier viel vom Haus Gottes gesungen wird, ist es eigentlich ein Loblied auf die Nähe Gottes: „Gott nahe zu sein ist mein Glück!" Das Lied drückt jedenfalls eine unbändige Sehnsucht danach aus, bei Gott daheim zu sein!

Für die Gläubigen damals machte sich die Nähe Gottes am Tempel Gottes fest. Dort, wo Gott wohnte, war man zuhause! Wo sind wir zuhause? Sag mir, wie du wohnst und mit wem du zusammenlebst – und ich sage dir, wer du bist! Unsere Wohnungen sind persönliche Lebensräume, Rückzugsmöglichkeiten. Da kann ich mich selber sein, da kann ich aufatmen, da fühle ich mich frei! So auch, wenn man sich bei Gott zuhause weiß. Das hat mindestens zwei Seiten:

Da ist Gott ganz sich selbst. Er bestimmt die Atmosphäre und den Geschmack. Er gibt den Ton an! Das Haus Gottes steht sinnbildlich für all das, was uns die Nähe Gottes zu bieten hat! Er soll groß raus kommen, es geht um Ihn!

Wir lesen diesen Psalm vom Neuen Testament her – und wir wissen, dass diese Gegenwart Gottes sich an Jesus festmacht. Mit ihm „wohnte Gott unter uns“ (Johannes 1). Er ist der „Tempel Gottes unter uns Menschen“. Alles, was dieser Psalm also besingt und beschreibt, hat sich für uns in Jesus erfüllt und wird zu einem Sinnbild für das, was uns Jesus bedeutet! Bemerkenswert, mit wie vielen und mit welchen Namen und Bezeichnungen Gott hier beschrieben wird:

- 7 x „HERR“ = der eine, wahre Gott, der sich Mose vorgestellt hat als „Ich bin“. Jesus sagt später auch 7 x „Ich bin der ich bin“.

- 5 x Zebaoth = Herr der Heerscharen, der himmlische General, der Allmächtige! Wir können nie groß genug denken über den Gott, an den wir glauben. Jesus sagt: „Mir ist gegeben alle Gewalt im Himmel und auf Erden!“ Er wird hier als „lebendiger Gott“ beschrieben (V. 3b) – im Gegensatz zu all den leblosen Gottheiten und selbstgemachten Götzen.

- Die Söhne Korachs besingen ihn als „mein König und mein Gott“ – ein Gott, der mit allem, was er ist und hat sehr persönlich in Anspruch genommen werden will!

- Später dann zum Ende des Psalms wird er als „Sonne und Schild“ beschreiben, der „Gnade und Ehre gibt“ (V. 12).

Ein Loblied auf die Nähe Gottes. Und die Nähe Gottes steht für alles, was Gott ist und hat. Alles, was ihn ausmacht, begegnet uns in seiner Nähe! Und das ist gut! „Gott nahe zu sein ist mein Glück!“

Das war die eine Seite des Hauses Gottes. Hier ist Gott sich selbst! Aber – hier dürfen auch wir uns selbst sein und werden.

Im Haus Gottes ist nicht nur Gott sich selbst, sondern auch wir! Denn es geht ja darum, dass wir bei Gott unser Zuhause finden. Dass wir bei ihm wohnen, unsere Heimat haben! Hier finden wir unseren Schutzraum, hier kommen wir zur Ruhe. Hier können wir ganz uns selbst sein. Uns geben wie wir sind. Vor allem aber finden wir hier einen Raum, um unsere ureigene Berufung zu leben, nämlich Gott zu loben immerdar (V. 5).

Ich höre die Söhne Korachs sagen: Das ist ja gerade das Befreiende. Ständig dreht sich im Alltag alles um uns selbst, um unsere Versorgung und unsere Sorgen, um unsere Beziehungen und Interessen… und hier lernen wir, von uns selber weg und auf Gott zu schauen. Alles dreht sich um ihn und wer er ist für uns! Im Loben kommen wir zur Ruhe und finden Heimat! Das bestätigt später auch der Apostel Paulus; er sieht darin unsere größte Berufung, dass wir „etwas seien zum Lobe seiner Herrlichkeit“ (Epheser 1, 12)! Der Kirchenvater Augustinus hat einmal gesagt: „Entweder man benutzt Gott oder man genießt Gott“. Bei Gott zuhause sein bedeutet, in den vollen Genuss dessen zu kommen, was er ist und für uns tut! „Jahwe“ – ich bin, der ich bin und ich bin für euch da! Gott loben bedeutet, sich allezeit bewusst machen, wer er ist und was wir an ihm haben! Gott loben bedeutet, ihn zu genießen! Dankbar zu empfangen, was er uns schenkt!

Aber – höre ich in meiner Vorstellung einen der Söhne Korachs einwerfen – es ist ja nicht so, als ob das mit dem Loben und mit der Anbetung so ganz ohne Widerstände ginge. Wir bringen ja vieles mit zum Hause Gottes, was uns das Loben erschwert. Viele Sorgen, viele Konflikte. Und vor allem bringen wir alle etwas mit, das uns die Gemeinschaft mit Gott eigentlich unmöglich macht: unsere Sünde. Meine Sünde ist der größte Nähe-Gottes-Räuber. Ein anderer Sohn Korachs ergänzt: Das ist ja das besondere im Zelt Gottes: dort werden wir unsere Schuld los. Gott hat eine Lösung geschaffen, damit wir alles loswerden, was uns von ihm trennt – wir dürfen unsere Sünde mitbringen, auf dem Altar darbringen und Vergebung erleben! Und wenn du erst einmal zugeschaut hast, wie sich deine Sünde stellvertretend auf ein unschuldiges Tier gelegt und dann in Rauch aufgelöst hat, dann bist du richtig frei, um Gott anzubeten! Ich sag dir: Der Lobpreis im Haus Gottes, der packt einen und die

Lieder klingen noch lange nach, wenn man anschließend wieder in die Niederungen des Alltags zieht!

Bei Gott zuhause! Darum geht es den Söhnen Korachs hier. Aber sie wissen genauso, dass es hier nicht um eine romantische Illusion geht; sie wissen um die Wirklichkeiten des Lebens: Das Leben mit Gott bedeutet keine entrückte Existenz fernab dessen, was uns in dieser Welt begegnet. Ganz im Gegenteil – diese Nähe Gottes bewährt sich gerade unterwegs!

Bridge (V. 5–6)

Als Übergang von der ersten zur zweiten Strophe finden wir Verse 5–6. Sie schließen den ersten Teil ab und führt den nächsten ein, sozusagen als Doppelpunkt für das, was dann kommt: „Wohl den Menschen, die dich für ihre Stärke halten und von Herzen dir nachfolgen". Wortwörtlich: „In deren Herzen gebahnte Wege sind!" Gebahnte Wege, ausgetretene Pfade – da denken die Pilger wohl an die Pilgerrouten nach Jerusalem. Eingeübte Wege in die Gegenwart Gottes! Wohl den Menschen, für die der Weg in die Gegenwart Gottes eine Herzensangelegenheit geworden ist. Die es gewohnt sind, die Nähe Gottes zu suchen – egal wo sie sind! Denn – diese Gewohnheit kann man unterwegs und mittendrin im Leben gut gebrauchen!

V. 7–11

Unterwegs und doch daheim
Wir sind daheim und doch unterwegs …
Unterwegs in der Wüste – und doch an der Quelle!
Unterwegs in Schwachheit – und doch von Kraft zu Kraft!
Unterwegs inmitten von Gottlosigkeit – und doch bei Gott daheim!

Jetzt komme ich doch noch auf die „Söhne Mannheims" zurück. Eins ihrer Lieder ist in den letzten Jahren besonders bekannt geworden, speziell im Zusammenhang mit der Fußball-WM in Deutschland:

> *„Dieser Weg wird kein leichter sein, dieser Weg wird steinig und schwer. Nicht mit vielen wirst du dir einig sein, doch dieses Leben bietet so viel mehr. Manche treten dich, manche lieben dich, manche geben sich für dich auf …!"*

Ja, sagen die Söhne Korachs – auch wenn wir die Söhne Mannheims nicht kennen, was sie da singen, ist völlig korrekt. Wir drücken das in unserem Lied anders aus: wir ziehen durchs sog. „Baca-Tal" (V. 7). Das sind die Niederungen des Lebens! In der Lutherübersetzung: „Das dürre Tal", aber eigentlich im Hebräischen „Das Tal der Tränen, des Weinens"! O ja – Gott kennt die Tränen der Verzweiflung, deine Tränen der Trauer, die Tränen der Enttäuschung, der Verletzung, der verlorenen Möglichkeiten! Wegabschnitte, die mehr vom Verlust und vom Mangel geprägt werden. In denen wir unter dem leiden, was uns fehlt oder genommen wurde. Zeiten, wenn wir uns nicht im Vollbesitz unserer Kräfte wissen. Ganz im Gegenteil – wir spüren unsere eigenen Grenzen mehr als alles andere. Wir beginnen zu zweifeln an uns selbst. Und dann die Erfahrung, dass mich die Gottlosigkeit um mich herum schier erdrücken kann. Ich merke, dass ich inmitten der „Hütten der Gottlosen" wohne … und ich muss ehrlich sagen, mitunter erdrückt mich das schier. Das gibt einem das Gefühl, fremd zu sein in der Welt. Man gehört nicht dazu! Hör dir die Talkshows an, beobachte mal, nach welchen Maßstäben Wirtschaft und Politik betrieben werden, lass die moralischen Verhältnisse um dich herum mal wirklich an dich ran – das kann dich schier erdrücken!

Gerade hier soll für uns gelten – mehr und mehr: Unterwegs und doch daheim! „Wohl dem Menschen, die dich für ihre Stärke halten und in deren Herzen gebahnte Wege sind!" Nicht die Tränen, nicht die Schwachheit und nicht die Gottlosigkeit sind die eigentliche

Herausforderung. Sondern dass wir mittendrin immer wieder neu den Weg in die Gegenwart Gottes suchen und begehen!

Vers 6: Wörtlich: „In deren Herzen gebahnte Wege sind!“ Wohl dem Menschen, der gelernt hat, unterwegs und mittendrin in den Wirklichkeiten des Lebens den Weg in die Gegenwart Gottes zu suchen und zu begehen! Wohl dem Menschen, der mittendrin und unterwegs Gott für sich in Anspruch nimmt. Der seine Tränen Gott überreicht und zulässt, dass Gott aus diesen Tränen eine Quelle des Segens macht. Der seine Schwachheit annimmt und lernt, von Kraft zu Kraft zu gehen. Sich immer wieder von der Kraft Gottes beschenken zu lassen, die gerade in unserer Schwachheit zur Vollendung kommt. Und der inmitten der Gottlosigkeit dieser Welt immer wieder bewusst die heilige und wunderbare Gegenwart Gottes pflegt!

Ein starkes Thema hat dieses Lied: „Gott nahe zu sein ist mein Glück“ – auch und gerade mitten im Unglück!

Aber eins muss noch gesagt werden: Das Thema wäre verfehlt, wenn wir mit all dem nicht bei Jesus landen würden. Denn an Jesus macht sich die Gegenwart Gottes fest, mit ihm „wohnte Gott unter uns“. Jesus hat uns den Weg in die Gegenwart Gottes gebahnt! Er hat uns gezeigt, dass Gott Papa ist. Dass Gottes Nähe das Beste ist, was uns geschehen kann! Mit Jesus hat uns Gott alles gegeben, was er je aufzubieten hat! Mehr als durch Jesus können wir von Gott nicht erwarten! Mehr kann er uns nicht bieten! Mit Jesus ist Gott diesen Weg des Psalms selbst gegangen. Aus der vollkommenen, herrlichen Gegenwart Gottes in die Niederungen dieser Welt. In die Tränen dieser Welt, in die Schwachheit und in die erbärmliche Gottlosigkeit dieser Welt. Jesus hat all das getragen! Meine Schwachheit, meine Schuld! Jesus hat all das selbst durchgemacht! Aber er hat es nicht dabei belassen: zum Kreuz kam das offene Grab hinzu. Das letzte Wort hat nicht der Tod, sondern das Leben. Das letzte Wort hat nicht der Schmerz, sondern der Trost! Nicht die Schwachheit, sondern Seine Kraft! Um Jesu willen also dürfen wir diesen Psalm zu unserem persönlichen Lied machen! Um Jesu willen dürfen wir unterwegs bleiben und wissen – Er bringt uns ans Ziel!

Die ultimative Vision für uns Christen ist natürlich das ewige Haus Gottes, wie schon David in Psalm 23 besingt: „Ich werde bleiben im Hause des HERRN immerdar!" Das bestätigende Echo dazu hören wir in Offenbarung 21,3–5! Eines Tages werden wir endgültig angekommen sein. Bis dahin aber gilt es, unterwegs zu sein – und doch daheim! Weil wir Gottes Gegenwart, seine Kraft, seinen Trost, seine Herrlichkeit hier und heute schon in Anspruch nehmen dürfen!

Nachklänge: Echt antworten

Inspiration aus persönlichen Psalmgebeten

Neige meine Herz[4]

Neige mein Herz zu Dir, mein Gott und König.
Neige mein Herz, damit ich aufrecht steh'.
Neige mein Herz, nur Dir will ich gehören
und in deinem Willen leben, wo ich steh'.

Heile mein Herz, mein Gott und mein Erlöser.
Heile mein Herz, damit ich nicht vergeh'.
Heile mein Herz, wo Schuld und Sorge stören,
damit deine Gnade leuchtet, wo ich geh'.

Fülle mein Herz, mein Gott mit deinem Geiste.
Fülle mein Herz mit Kräften aus der Höh'.
Fülle mein Herz, mit deinem Wort und Wesen,
damit deine Kraft mich leitet, wo ich geh'.

Du neigst mein Herz – ich steh' vor Dir, mein König.
Du heilst mein Herz – deine Gnade macht mich frei!
Du füllst mein Herz – denn Du Herr, bist mein Leben,
meine Freude, meine Kraft bist du allein,
meine Freude, meine Kraft bist du allein.

Oktober 2007

---

4 Noten zu diesen Liedern können beim Autor angefordert werden; Kontaktinfo: S. 216.

Jesus will uns neu entzünden

Jesus will uns neu entzünden, uns zur ersten Liebe führ'n.
Jesus schenkt uns Geist und Leben, nimmt die laue Trägheit fort,
will uns Kraft und Freude geben und begeistern durch sein Wort.
Jesus will uns neu entzünden, lädt uns heute dazu ein,
will mit Liebe uns erfüllen, mit der Wahrheit neu berühr'n,
in seiner Gnade uns umhüllen, uns zur ersten Liebe führ'n.

Brannte nicht unser Herz als Jesus einstmals zu uns sprach: „Gott will euch Leben schenken, kommt und folgt mir nach." Wir fingen Feuer, ließen zu, was Gott begann – als seine Gnade, seine Wahrheit uns gewann. Ja, Gottes Liebe steckte unser Herz in Brand, wir sagten Ja zu ihm, schlugen ein in seine Hand. So wie am Anfang darf es werden jederzeit, denn Jesus ist derselbe: gestern, morgen, heut.

Gottes Wesen, seinen Willen, macht sein Wort uns offenbar. Sein Name heißt: „Ich bin – und ich bin immer für euch da." Denn als der Dornbusch brannte, brannte er nicht aus. Und als Gott Mose sandte, ging er stets voraus.
Gott ist Liebe, Gott ist Leben, ihn umgibt die Herrlichkeit. Wer ihm vertraut wird leben für alle Zeit und Ewigkeit.
Er führt aus Zwängen, will zum Leben uns befrei'n. Wird uns nicht drängen, wir sollen freie Kinder sein.

Herr, immer wieder sind wir ausgebrannt und leer. Verirrt und müde – unsere Seele kann nicht mehr. Dann schenkst du uns die Gnade, von uns selbst zu ruh'n; dein Bild zu schauen und zu hör'n, wie's Jünger tun. Den Docht, der glimmt, lass brennen, fache unsere Herzen an. So wie einst, als deine Gnade und die Wahrheit uns gewann. Wir wollen glauben, lieben, hoffen jederzeit, denn deine Treue gilt uns: gestern, morgen, heut.

September 2003

Wenn ich nur dich habe

nach Psalm 73,28

Wenn ich nur dich, dich habe, so frag ich nicht nach mehr.
Wenn ich nur dich, dich habe, hab ich genug, o Herr.
Denn du, Gott, bist, meines Lebens Heil.
Denn du, Gott, bist allezeit mein Trost, mein Teil.

Mitten, Herr, im Jagen, im Getriebe dieser Zeit,
fühle ich mich fern von dir, verlier' die Ewigkeit.
Darum fliehe ich zu dir, um bei dir auszuruh'n,
feiere deine Gegenwart, vergiss mein eigenes Tun!

Herr, in deinem Licht erkenn' ich mich als stures Kind,
verhaftet in mir selbst, gelebt vom Haschen nach dem Wind.
Doch deine Liebe rührt mich an, dein Geist belebt mich neu.
Du änderst meine Sicht, denn deine Wahrheit macht mich frei!

Dankbar will ich folgen, dich in allen Dingen ehr'n,
Herr, dein Reich soll kommen und dein Wille soll gescheh'n.
Alle meine Sorgen werfe ich auf dich, o Herr,
denn ich weiß, du sorgst für mich, beschenkst mich mehr und mehr!

Oktober 2004

Dürres Land, gutes Land

nach Psalm 84,6–8

Dürres Land, wo die Lebensfreude dürstet.
Dürres Land, wo die Hoffnung Grenzen spürt.
Dürres Land, weil die Seele leicht verwüstet.
Dürres Land, weil der Glaube auch durch Täler führt..

Bist du da? Meine Seele ruft nach dir.
Bist du da? Herr, ich brauch dich heute, hier.
Bist du da? – Zart und leise zeigst du mir:
Ich bin da – auch in der Wüste. Ich bin da – ganz nah bei dir!

Gutes Land, grenzenlos ist Gottes Nähe.
Gutes Land, grenzenlos ist Gottes Kraft.
Gutes Land, weil ich in der Gnade stehe,
Gutes Land, weil Gott in mir neues Leben schafft !

Du bist da – deine Liebe hält zu mir.
Du bist da – und mein Glaube wächst an dir.
Du bist da – Herr, ich nehme staunend wahr:
Deine Kraft belebt die Wüste, meine Tränensaat geht auf.
Deine Kraft belebt die Wüste, frische Quellen brichst du auf.

Von Kraft zu Kraft – dir folgen. Von Kraft zu Kraft – mit dir.
Von Kraft zu Kraft – dir folgen. Von Kraft zu Kraft – mit dir!

August bis November 2007

Wenn Glaube in Not ist - Jesus lebt

Osterlied

Wenn Glaube in Not ist und Hoffnung verklingt,
wenn Dunkel das Leben umhüllt,
dann gilt uns das Lied, das der Engel-Chor singt,
das Himmel und Erde erfüllt:
Jesus lebt, ja er lebt. Er hat überwunden den Tod.
Jesus lebt, ja er lebt – Halleluja, Ehre sei Gott. Halleluja, Ehre sei Gott!

Wenn Angst uns belastet, das Herz uns verklagt,
wenn Sünde vom Leben uns trennt,
dann gilt uns das Wort, das Gott selber uns sagt,
zu dem sich die Hoffnung bekennt:
Jesus lebt, ja er lebt. Er hat überwunden den Tod.
Jesus lebt, ja er lebt – Halleluja, Ehre sei Gott. Halleluja, Ehre sei Gott!

Tod, wo ist dein Stachel, wo ist dein Triumph?
Dank Jesus gehört uns der Sieg!
Wir trotzen dem Feind, sind von Freude bestimmt
und singen der Welt unser Lied:
Jesus lebt, ja er lebt. Er hat überwunden den Tod.
Jesus lebt, ja er lebt – Halleluja, Ehre sei Gott. Halleluja, Ehre sei Gott.

Wir leben – doch nun nicht mehr wir, sondern ER,
denn Jesus nimmt in uns Gestalt.
Wir dürfen ihm folgen, mit ihm aufersteh'n.
Maranatha – Jesus komm bald.

Jesus lebt, ja er lebt. Er hat überwunden den Tod.
Jesus lebt, ja er lebt – Halleluja, Ehre sei Gott. Halleluja, Ehre sei Gott.
Jesus lebt, ja er lebt – wir singen es laut in die Welt.
Jesus lebt, weil er lebt, sind wir auch zum Leben erwählt,
Gott hat uns zum Leben erwählt.

April 2003

Ein neues Lied

nach Psalm 40

Ein neues Lied in Herz und in Mund,
mein Lobgesang, Herr, du bist der Grund.
Ich will dir singen, jeden Tag neu,
dass ich mich an dir freu.

Herr du bist gut, bist gnädig und treu, wunderbar führst du mich.
Du machst mir Mut, jeden Tag neu, von Herzen lob ich dich.

Du hörst Gebet und neigst dich mir zu, richtest mich auf in Kraft.
Du machst mich stark, mein Helfer bist du, der in mir Leben schafft.

Mit meinem Lied bekenne ich laut: du Herr verlässt mich nie.
Und jedem Menschen, der dir vertraut, schenkst du die Melodie:

Und wenn mein Lied auch mal verstummt, beschämst du mich aus Kindermund.
Wird es auch eng, ich fühl mich leer, führst du mich ans weite Meer.

Januar 2008

Herr, in deinem Angesicht

Herr, in deinem Angesicht, geh 'n wir unseren Weg im Licht.
Deine Wahrheit leitet Schritt für Schritt, und wir wissen, du gehst mit!
Großer Herr, dein guter Geist, mit dem du dich uns verheißt,
schafft in uns das, was dir Freude macht und verändert – stark und sacht.

Kleines groß und Großes klein, Welt steht Kopf, so muss es sein,
wenn wir Gottes Wege gehen.
Mit Gott trotzen wir der Zeit, uns bewegt die Ewigkeit,
weil wir Gottes Wege gehen!

Was Gott angefangen hat, alles Gute, jede Saat,
lässt er in uns wachsen Tag um Tag, was auch immer kommen mag.
Was für eine Zuversicht! Denn Gott hält, was er verspricht.
Wer ihm gehört, den lässt er nicht einen Augenblick im Stich!

Kleines groß und Großes klein, Welt steht Kopf, so muss es sein,
wenn wir Gottes Wege gehen.
Mit Gott trotzen wir der Zeit, uns bewegt die Ewigkeit,
weil wir Gottes Wege gehen!
Der, mit dem alles beginnt, der am Ende stets gewinnt,
dem vertrauen wir uns an. Gott ist immer für uns da,
unser himmlischer Papa, starker Heiland, bester Freund,
starker Heiland, bester Freund!

März 2008

Über den Autor

DANIEL SCHULTE, AUFGEWACHSEN IM ENNEPE-RUHR-KREIS (D), wurde früh mit der Bibel und einem persönlichen Jesusglauben vertraut gemacht. Wesentliche Impulse für seinen Glauben und Werdegang erhielt er bei den „Fackelträgern“ in Capernwray Hall, England; dort lernte er auch seine österreichische Frau Silke kennen. Nach kaufmännischer Ausbildung absolvierte er ein Theologiestudium in Lamorlaye (Frankreich) und an der CIU/AWM Korntal (M. A., Bibelauslegung). 1994 folgte er dem Ruf in das überkonfessionelle Bildungshaus „Schloss Klaus“ (A), wo er als Seelsorger und Verkündiger arbeitete. Während dieser Zeit begleitete er den Aufbau einer christlichen Studentenarbeit in Fernost-Russland (heute verantwortet von „Licht im Osten“). 2009 wechselte er in den missionarischen Gemeindedienst nach Südtirol/Italien; hier lebt er mit seiner Familie und ist Pastor der „FCG Meran“. In spezieller Verbundenheit mit den „Fackelträgern“ und dem „Christusbund“ ist er regelmäßig als Bibellehrer unterwegs. *Kontaktaufnahme mit dem Autor und persönliche Rückmeldungen willkommen unter: daniel.schulte@brennercom.net*

Der pastorale Dienst von Daniel Schulte finanziert sich aus Spenden und findet im Auftrag der ***Kontaktmission*** statt, einer „vernetzten Missionsbewegung, die weltweit Christen für ihren von Gott gegebenen Auftrag bevollmächtigt und sendet“. Heute arbeiten 281 Mitarbeiter aus 38 Nationen in 42 Ländern auf 5 Kontinenten (Stand Oktober 2015). *www.kontaktmission.de*

Die ***LKG Waiblingen*** (Württembergischer Christusbund, Fuggerstraße) unterstützt Familie Schulte in ihrem Gemeindedienst und pflegt eine Partnerschaft mit der FCG Meran. 2015 feiert die Gemeinschaft hundertjähriges Bestehen. *www.lebhaft-glaubhaft.de*